Perfekt geplant und genial improvisiert

Sylvia Schroll-Machl & Ivan Nový

# Perfekt geplant und genial improvisiert

## Erfolg in der deutsch-tschechischen Zusammenarbeit

4. Auflage

Rainer Hampp Verlag München und Mering 2008

**Bibliografische Information der Deutschen Nationalbibliothek**

Die Deutsche Nationalbibliothek verzeichnet diese Publikation in der Deutschen Nationalbibliografie; detaillierte bibliografische Daten sind im Internet über http://dnb.d-nb.de abrufbar.

ISBN 978-3-86618-202-8
DOI 10.1688/9783866182028
1. Auflage, 2000
2. Auflage, 2003
3. Auflage, 2005
4. Auflage, 2008
1.-3. Auflage unter dem Titel: Perfekt geplant oder genial improvisiert?

 Rainer Hampp Verlag München und Mering
Meringerzeller Str. 10 D – 86415 Mering

www.Hampp-Verlag.de



∞ *Dieses Buch ist auf säurefreiem und chlorfrei gebleichtem Papier gedruckt.*

*Liebe Leserinnen und Leser!*
Wir wollen Ihnen ein gutes Buch liefern. Wenn Sie aus irgendwelchen Gründen nicht zufrieden sind, wenden Sie sich bitte an uns.

# Inhaltsüberblick

# Inhaltsverzeichnis

## Vorwort

In einer sich immer schneller internationalisierenden und globalisierenden Welt wächst die Anzahl der Personen, die beruflich und privat mit Menschen aus anderen Kulturen zusammenarbeiten und zusammenleben wollen und müssen. Um die dabei auftretenden Leistungsanforderungen bewältigen zu können, bedarf es einer nationale und kulturelle Grenzen überschreitenden Verständigung. Das Erlernen und Beherrschen von Fremdsprachen reicht allerdings nicht aus, wirkliche interpersonale Verständigung zu garantieren. Eine vertiefte Kommunikation von Mensch zu Mensch wird durch die Beherrschung der Sprache des anderen oder durch die Verständigung über eine von beiden beherrschte dritte Fremdsprache zwar oft erst ermöglicht und auf jeden Fall erleichtert, aber ob sich die Partner wirklich verstehen, d. h. ihre wechselseitigen Wünsche, Erwartungen, Ziele und insbesondere ihre Wertvorstellungen, Normen und Verhaltensregeln so aufnehmen und interpretieren können, wie der Partner selbst es sieht und verstanden haben will, ist keineswegs gewährleistet. Toleranz, Interesse am Fremden, Sensibilität für Andersartigkeiten, ein gewisses Maß an sozialer Feinfühligkeit, Anpassungsfähigkeit, Kommunikations- und Sprachkompetenz sind zwar gute Voraussetzungen für eine erfolgreiche internationale und interkulturelle Zusammenarbeit, aber all das ist keine Garantie dafür, dass sich – gleichsam von selbst – interkulturelle Handlungskompetenz entwickelt.

Mit der internationalen Vernetzung wachsen auch die Anforderungen an die Qualität interkultureller Kommunikation und Kooperation. Es reicht nicht mehr aus, einfach nur mit einem fremdkulturellen Partner irgendwie kommunizieren und sich austauschen zu können. In einem z. B. international zusammengesetzten Arbeitsteam geht es darum, ein gemeinsames Arbeitsziel zu definieren, sich mit ihm zu identifizieren und es zu erreichen, und dies unter den Bedingungen einer möglichst optimalen Gruppenatmosphäre, die es allen beteiligten Partnern ermöglicht, ihre Potentiale zu optimieren. Kurz gesagt, die Quantität und die Qualität interkultureller Begegnungen nehmen in einem so rasanten Tempo zu, dass man ernsthaft zweifeln kann, ob die in diesen Prozess einbezogenen Personen die erforderlichen interkulturellen Handlungskompetenzen auch erbringen können.

Nun lässt sich beobachten, dass sich die internationale Verflechtung im Berufs- und Alltagsleben nicht auf alle Kulturen und Nationen gleichrangig verteilt, sondern dass intensivere Beziehungen zu nahe liegenden, evtl. benachbarten Nationen gepflegt werden, wohingegen weniger intensive Beziehungen zu geographisch weiter entfernten Ländern und Kulturen vorhanden sind. Insgesamt finden innerhalb der Europäischen Union mehr grenzüberschreitende und damit interkulturelle Begegnungen statt – in vielen Berufsbereichen gehören sie schon zum Alltag – als z. B. zwischen Deutschen und Ostasiaten oder Afrikanern. Zwischen Menschen aus Nationen und Kulturen, die geographisch nahe beieinander liegen und von denen deshalb anzunehmen ist, dass es schon über viele Generationen hinweg einen intensiven gegenseitigen Austausch gibt, müsste, so könnte man vermuten, ein interkulturelles Verstehen sehr viel leichter herzustellen sein als zwischen Personen aus sehr entfernten Nationen resp. Kulturen. Die geographische Nähe erleichtert den gegenseitigen Kontakt, führt zu intensiverem Kennenlernen, erleichtert den Aufbau gegenseitiger Sympathien, die wiederum zu einer Intensivierung des Kontaktes und des Austausches beitragen und über längere Zeiträume hinweg eventuell ein hohes Maß an Ähnlichkeit in Einstellungen, Wertvorstellungen und Verhaltensweisen zur Folge haben. So könnte man, bezogen auf die Deutschen, vermuten, dass Menschen aus benachbarten Ländern, wie aus Frankreich, den Niederlanden oder auch aus Tschechien, leichter zueinander finden, engere Beziehungen pflegen, ein höheres Maß an gegenseitigem Verständnis, aber auch an Einstellungs- und Verhaltensähnlichkeiten aufweisen. Man könnte sogar vermuten, dass sie ein sehr viel ähnlicheres kulturspezifisches Orientierungssystem mit identischen Kulturstandards aufweisen, als dies zwischen Deutschen und Russen, Spaniern oder sogar Japanern der Fall ist.

Viele Fach- und Führungskräfte aus Wirtschaft, Verwaltung und Politik, die besonders im Rahmen der europäischen Integration mit Menschen aus anderen europäischen Ländern zu tun hatten, sind oft von der Erwartung ausgegangen, dass eine Zusammenarbeit zwischen Europäern sehr viel problemloser und verständnisvoller verläuft als mit nicht-europäischen Partnern, bis sie dann schmerzhaft erfahren mussten, dass kulturbedingte Unterschiede selbst zwischen Menschen aus benachbarten Nationen bzw. Kulturen das gegenseitige Verstehen und eine reibungslose Kooperation unmöglich machten oder doch zumindest erheblich erschwerten. Fassungslos stehen plötzlich Deutsche und Franzosen in einer deutsch-französischen Arbeitsgruppe zur Entwicklung eines spezifischen Produktes, Marketing-Konzeptes oder der Entwicklung technischer Verfahren vor dem Problem, dass die gegenseitige Verständigung und Zusammenarbeit kontinuierlich belastet ist durch Missverständnisse, Einstellungen und Verhaltensweisen, die der Partner nicht versteht und nicht zu akzeptieren bereit ist, und durch völlig unterschiedliche Lebens- und Arbeitsgewohnheiten. Jeder glaubt, dass sein eigenes Verhalten und seine eigenen Handlungsgewohnheiten richtig, zielführend und produktiv sind und dass es nur am Partner liegt, dass alles so schwerfällig, fehlerbehaftet, umständlich und unproduktiv abläuft.

Für jeden, dem die kulturspezifischen Entwicklungen und Beeinflussungen der beobachteten und als Belastung empfundenen Unterschiede nicht bewusst sind, bleibt nur die einzige Erklärung, dass der Partner noch nicht weiß, wie es eigentlich laufen sollte, dass er unfähig ist, den richtigen Weg zu beschreiten, oder dass er aus Sturheit, Hinterlist oder aus Gründen des Erwerbs eines taktischen Vorteils sich so „unmöglich" und destruktiv verhält.

Wenn Personen aus unterschiedlichen Kulturen oder international zusammengesetzten Arbeitsgruppen unter solchen Belastungsbedingungen arbeiten müssen, weil sie zum Erfolg verdammt sind, dann wird in der Regel versucht, auf dem niedrigsten möglichen Niveau zwischen den divergenten Auffassungen und Verhaltensweisen einen Kompromiss zu schließen, bzw. vielen bleibt nichts anderes übrig, als diese Divergenzen auch einfach nur zu ertragen in der Hoffnung, dass diese unerfreuliche Zusammenarbeit bald zu Ende gehen wird.

Die vorliegende Arbeit setzt nun genau an diesem Punkt an. Sie räumt radikal mit der Vorstellung auf, dass aufgrund der geographischen Nachbarschaft und somit zu erwartenden kulturellen Nähe die Zusammenarbeit zwischen Deutschen und Tschechen problemlos zu bewerkstelligen ist, wenn nur auf beiden Seiten guter Wille und ein hohes Maß an Toleranz vorhanden sind. Tagtäglich erleben Deutsche und Tschechen, die genau diese positiven Voraussetzungen zur interkulturellen Zusammenarbeit mitbringen, dass vieles nicht so läuft, wie sie es sich wünschen, dass die Partner sich anders verhalten als erwartet, dass sie anderen Verhaltensgewohnheiten, Wertvorstellungen und Normen folgen und offensichtlich auch – so scheint es jedenfalls – nicht bereit sind, noch so gut gemeinte Ratsschläge, wie man es doch eigentlich richtig und sogar besser machen könnte, anzunehmen. Manche, mit guten Vorsätzen und hohen Erwartungen begonnene wirtschaftliche, kulturelle und politische Zusammenarbeit ist aus Gründen kulturbedingter Missverständnisse und eines tief verankerten und auch über Jahre gegenseitigen Erfahrungsaustausches nicht veränderbaren Unverständnisses beendet worden, eingeschlafen oder suboptimal, irgendwie, aber nicht befriedigend, weitergeführt worden.

Wie die vorliegende Arbeit zeigt, und zwar nicht aufgrund einer Zusammenfassung einschlägiger Literatur über deutsch-tschechische Kulturunterschiede, sondern aufgrund einer sorgfältigen empirischen Analyse der alltäglichen Begegnungserfahrungen, sind solche Missverständnisse und beschwerlichen Wege der deutsch-tschechischen Zusammenarbeit nicht gleichsam schicksalhaft vorgegeben, sondern vermeidbar. Wie aus der intensiven Beschäftigung und Analyse authentisch und konkret erlebter deutsch-tschechischer Missverständnisse ein gegenseitiges interkulturelles Verstehen aufgebaut werden kann, worin sich deutsche und tschechische Kulturstandards voneinander unterscheiden, in welcher Weise sie das Denken und Verhalten der jeweiligen Partner beeinflussen und wie man mit diesen Unterschieden im konkreten Fall umgehen kann, genau das wird im vorliegenden Werk plastisch und lebensnah dargestellt.

Das für die Wissenschaft, aber auch für die interkulturelle Praxis, besonders im Bereich des internationalen Managements, Einmalige der vorliegenden Arbeit besteht darin, dass die interkulturelle Problematik nicht allein aus deutscher Sicht mit Blick auf die Tschechen analysiert wird oder nur aus tschechischer Sicht mit Blick auf das Verhalten der deutschen Partner, sondern dass beide Seiten gleichzeitig ins Blickfeld genommen werden. Insofern lernt der deutsche, aber auch der tschechische Leser, nicht nur die Sicht des anderen kennen, sondern die eigenen Denk- und Verhaltensgewohnheiten werden ihm aus der Sicht des Partners gespiegelt und vorgeführt. Darin liegt das eigentlich produktive, gegenseitiges Verständnis und kompetente Kooperation fördernde Element des vorliegenden Trainingsmaterials.

Wer dieses Buch liest, wird aufmerksam gemacht auf deutsche und tschechische Kulturunterschiede und auf die Besonderheiten des kulturspezifisch deutschen Orientierungssystems und des kulturspezifisch tschechischen Orientierungssystems. Der Leser wird zum Nachdenken, zum Vergleichen, zum Differenzieren und zur Reflexion über seine bisherigen Erfahrungen mit oder Erwartungen an eine beabsichtigte deutsch-tschechische Zusammenarbeit angeregt. Auf Neues aufmerksam werden, Ursachen und Begründungszusammenhänge reflektieren, Eigenes und Fremdes vergleichen und nach neuen Wegen der Interpretation und Konzeptualisierung von interaktiven Prozessen Ausschau halten oder solche entwickeln und schließlich aktiv nach neuen Wegen der interkulturellen Zusammenarbeit suchen sind genau die Voraussetzungen und Fähigkeiten, die Deutsche und Tschechen brauchen, um einander näher zu kommen, sich besser zu verstehen und gemeinsam gesetzte Ziele zu erreichen.

Die dazu erforderlichen Anregungen, Erkenntnisse und Ratschläge findet der Leser in diesem Buch.

Regensburg, im August 2007

Prof. Dr. Alexander Thomas

## Einleitung

Seit die erste Auflage unseres Buches *„Perfekt geplant oder genial improvisiert? Kulturunterschiede in der deutsch-tschechischen Zusammenarbeit“* erschienen ist, ist viel Zeit verstrichen und viel passiert. Die Internationalisierung und Globalisierung weiter Lebensbereiche ist deutlich vorangeschritten und wird nicht nur in Deutschland, sondern auch in Tschechien bereits als selbstverständlich empfunden. Tschechien ist seit 2004 EU-Mitglied. Die deutsch-tschechische Wirtschaftskooperation ist normaler Alltag. Trotzdem sind sich Deutsche wie Tschechen – speziell als Bürger einer oft recht polyphon klingenden Europäischen Union – freilich auch dessen bewusst, dass das verstärkte Zusammenwachsen Europas und der Welt nicht nur mit großen Chancen, sondern auch wegen der bestehenden und nicht zu leugnenden Kulturunterschiede mit großen Herausforderungen verbunden ist.

Insofern sahen wir uns als Autoren veranlasst, diese Herausforderungen in der betrieblichen Zusammenarbeit zwischen Deutschen und Tschechen aus heutiger Sicht aufzugreifen und unser Buch aus dem Jahr 2000 zu überarbeiten. Dabei flossen in die hier vorliegende Neuauflage die Erfahrungen all der dazwischen liegenden Jahre ein, die wir in unserer Arbeit als interkulturelle Trainer und Coaches machen konnten und durften. Und in dieser Arbeit war nicht mehr nur von Kulturunterschieden die Rede, sondern auch von Lösungen, wie mit ihnen gelebt und auf konstruktive Art umgegangen werden kann. Denn es existieren eine Menge deutsch-tschechischer Erfolgsgeschichten, die zeigen, wie man es machen kann. Konsequenterweise änderten wir deshalb auch unseren Titel in „Perfekt geplant und genial improvisiert. Erfolg in der deutsch-tschechischen Zusammenarbeit.“

Wir wünschen auch Ihnen viel Erfolg und Freude in Ihrer Kooperation mit Tschechen. Das Buch möge Ihnen genug geistiges Rüstzeug liefern: eine gehörige Portion Verständnis und Sympathie für die tschechische Seite sowie ausreichend Bewusstheit über die eigenkulturellen (deutschen) Muster und Selbstverständlichkeiten, um beide kulturelle Muster ausbalancieren und adäquat kombinieren zu können.

Sylvia Schroll-Machl und Ivan Nový

# 1. Kultur und Management

## *1.1. Einige theoretische und methodische Grundlagen*

### *Die Ausgangssituation*

Wenn Menschen aus unterschiedlichen Kulturen miteinander zu tun haben, dann verhält sich jeder von ihnen zunächst einmal „ganz normal", d. h. so wie ein Tscheche oder ein Deutscher sich eben in einer bestimmten Situation üblicherweise verhält. Weil beide aber im Geschäftsleben darauf angewiesen sind, durch Interaktion miteinander ihre Ziele zu erreichen, entstehen Probleme an den Stellen, an denen die tschechisch definierte „Normalität" von der deutsch definierten „Normalität" abweicht. Fremdheit und Irritation werden erlebt, da die Handlungsweisen nicht kompatibel sind.

Wenn die handelnden Personen keine oder nur unzulängliche Kenntnisse über die Typiken und Charakteristika der anderen Kultur haben, dann werden sie ihre interkulturellen Begegnungen nicht nur nach den in der eigenen Kultur erlernten Orientierungsmustern regulieren, sondern auch gemäß ihrer Erwartungen von „Normalität" bewerten. Sie denken nicht daran, dass es verschiedene Varianten zur Gestaltung von Lebens- und Arbeitssituationen gibt, sondern halten die eigene, vertraute für die einzige, die einzig mögliche, die eigentlich vernünftige.

Bei Fortsetzung der Zusammenarbeit kommt es nun gehäuft zu derartigen kritischen, zum Teil konflikthaft verlaufenden und als belastend erlebten Interaktionssituationen. Beide Partner werden versuchen, ihr eigenes Verhalten und das des Gegenübers aufgrund des ihnen vertrauten eigenkulturellen Orientierungssystems zu regulieren, zu kontrollieren und so zu bewerten, dass es für sie sinnvoll erscheint. Das eigene kulturelle Orientierungssystem, durch den Prozess der individuellen Sozialisation erworben, versagt jedoch weithin. Das Verhalten der fremdkulturell geprägten Interaktionspartner kann nicht zuverlässig antizipiert werden. Es kommt zu Fehlreaktionen und -aktionen, Missverständnissen, mehrdeutigen Situationsgestaltungen, Verunsicherungen und im Extremfall zur Handlungsunfähigkeit.

Die Palette ist weit:

1. Als erstes steht die Reaktion, sich die andersartige, störende Handlungsweise des „anderen" zu erklären. Dazu greift man auf die Interpretationen zurück, die analogem Verhalten in der eigenen Kultur in solchen Fällen häufig zugrunde liegen. Dazu wird aber auch das Wissen herangezogen, das man bislang über die andere Kultur hat. Und dieses Wissen besteht zu einem nicht unerheblichen Teil aus Vorurteilen und Stereotypen. Zwei klassische weitreichende Trugschlüsse, zu denen die wahrgenommene Verschiedenheit führt, heißen: (1) Unfähigkeit: Der andere ist weniger fähig und ihm muss beigebracht werden, wie man etwas macht. (2) Unlautere Absichten: Der andere benimmt sich absichtlich „störend", ist also tendenziell böswillig, und dem muss unter Einsatz der jeweils vorhandenen Machtmittel Einhalt geboten werden.

2. Nun werden Regulationen eingesetzt. Man will die erwartungswidrigen Effekte des eigenen Handelns auf den Interaktionspartner korrigieren. Je nach „Erklärung" wird man jetzt also beispielsweise zum „Oberlehrer" oder trumpft mit seiner Macht auf.

3. Beide Seiten richten jetzt ihre Aufmerksamkeit auf die Störung und setzen weitere, mehr oder weniger zutreffende Reflexionsprozesse in Gang. Im ungünstigsten Fall werden die erprobten, im eigenen Feld „bewährten" Strategien verstärkt und die Fronten verhärten sich. Im günstigeren Fall werden andere Regulationen erprobt, die die Absichten und Handlungsweise der anderen zumindest teilweise einbeziehen und wieder zu einer Deeskalation führen können.

Dieser Prozess ist anstrengend, weil das Handeln an Barrieren stößt und behindert wird, weil es aufwendig ist, so viel zu reflektieren und weil die Regulationsprozesse viel Energie brauchen. Das alles ist mit affektiven Spannungen verbunden, da alles Handeln plötzlich mit mehr Unsicherheit über den Effekt verbunden ist und man nicht einfach „loslegen" kann.

Der beschriebene Ethnozentrismus scheint dabei nicht nur auf Unwissen um die Kulturmuster des anderen zu beruhen, sondern auch für seelisches Gleichgewicht zu sorgen: Die eigene Sicherheit über die Richtigkeit des Tuns muss nicht angezweifelt werden, wenn ich das Handeln des anderen abwerte. Ich muss nicht anerkennen, dass es Möglichkeiten gibt, die mein eigenes Vermögen übersteigen würden und bewahre mir so inneren Frieden und eine positive Identität als Individuum sowie einen gewissen Stolz als kulturelle Gruppe. Das Fremde dient als Vehikel für die eigenen Gefühle. Im Fachjargon spricht man von der Tendenz der Eigengruppenfavorisierung und der Fremdgruppendiskriminierung und meint damit die psychische Tendenz, zur Rettung der eigenen positiven Identität das Eigene besser zu beurteilen als das Fremde.

Die Lösung für das Dilemma liegt darin, sich Kenntnisse über die andere Kultur anzueignen, damit (1) die Erklärungen zutreffender werden und damit man (2) eine angemessenere Auswahl der Regulationstrategien treffen kann. Das eigenkulturelle Orientierungssystem muss erweitert werden in Richtung auf das fremdkulturelle. Beide Orientierungssysteme müssen eingesetzt werden können. Und dann sinkt auch die Tendenz zur Diskriminierung der anderen, weil man sich sicherer fühlt und den verursachten Stress weniger aus Gründen des Selbstschutzes in Abwehr, Schuldzuweisung und Stigmatisierung ummünzen muss.

Die geschilderten Probleme sind keineswegs nur von akademischem Interesse, sondern können leider der wirtschaftlichen Zusammenarbeit erheblichen Schaden zufügen, weil sie zeitaufwendige Rückschläge und Pannen verursachen.

### *Der Begriff „Kultur"*

Bestehen zwischen Tschechen und Deutschen so große Unterschiede, dass man von verschiedenen Kulturen sprechen kann? Zugegeben, das klingt etwas hochtrabend, aber es ist wissenschaftlich korrekt. Kultur ist nämlich

„ein universelles Phänomen. Alle Menschen leben in einer spezifischen Kultur und entwickeln sie weiter. Kultur strukturiert ein für die Bevölkerung spezifisches Handlungsfeld, das von geschaffenen und genutzten Objekten bis hin zu Institutionen, Ideen und Werten reicht. Kultur manifestiert sich immer in einem für eine Nation, Gesellschaft, Organisation oder Gruppe typischen Orientierungssystem. Dieses Orientierungssystem wird aus spezifischen Symbolen (...) gebildet und in der jeweiligen Gesellschaft, Organisation oder Gruppe tradiert, d. h. an die nachfolgende Generation weitergegeben. Das Orientierungssystem definiert für alle Mitglieder ihre Zugehörigkeit zur Gesellschaft oder Gruppe und ermöglicht ihnen ihre ganz eigene Umweltbewältigung. Kultur beeinflusst das Wahrnehmen, Denken, Werten und Handeln aller Mitglieder der jeweiligen Gesellschaft. Das kulturspezifische Orientierungssystem schafft einerseits Handlungsmöglichkeiten und Handlungsanreize, andererseits aber auch Handlungsbedingungen und setzt Handlungsgrenzen."[1]

Die kulturellen Orientierungssysteme von Tschechen und Deutschen sind nun, wie wir sehen werden, an vielen Stellen voneinander verschieden. Dort, wo sie sich decken, brauchen wir sie nicht zu beschreiben, denn dort gibt es keine interkulturellen Missverständnisse und Probleme. Dort, wo sie es nicht tun, können die Beteiligten dagegen so manche Überraschung erleben.

Kulturelle Orientierungen sind keinesfalls statisch, sondern entstehen als sinnvolle Antwort und aktive Verarbeitung lokaler und grundsätzlicher Anforderungen an die Organisation des Lebens. Anforderungen, die selbst wieder mitgeprägt sind von den Ergebnissen vorhergehender Auseinandersetzungen mit den Lebensbedingungen. Kulturen haben eine historische Perspektive.

### *Kulturstandards*

Von zentraler Bedeutung für den von uns benutzten Ansatz ist die Auffassung von Kultur als spezifischem Orientierungs*system*. Das heißt, dass es einzelne kulturelle Elemente gibt, die in einer systemstrukturierenden Weise aufeinander bezogen sind. Diese sind aus der Interaktion ihrer Mitglieder untereinander und mit ihrer Umwelt entstanden, wurden über Generationen hinweg in mehr oder weniger veränderter Form weitergegeben und entfalten ganz offensichtlich in sämtlichen Lebensbereichen ihre Wirkung. Diese kulturellen Elemente wirken komplexitätsreduzierend und handlungsleitend. Sie ermöglichen den Mitgliedern der Kultur, sich gegen-

---

1 Thomas, A.: *Theoretische Grundlagen interkultureller Kommunikation und Kooperation.* In: Thomas, A., Kinast E., Schroll-Machl, S. (Hrsg.) (2003), Handbuch Interkulturelle Kommunikation und Kooperation, Band 1, Göttingen: Vandenhoeck & Rupecht, S. 22.

seitig als Interaktionspartner berechenbar zu machen. Diese kulturellen Elemente werden als Kulturstandards bezeichnet und folgendermaßen definiert:

„Kulturstandards können aufgefasst werden als die von den in einer Kultur lebenden Menschen untereinander geteilten und für verbindlich angesehenen Normen und Maßstäbe zur Ausführung und Beurteilung von Verhaltensweisen. Kulturstandards wirken als Maßstäbe, Gradmesser, Bezugssysteme und Orientierungsmerkmale. Kulturstandards sind die zentralen Kennzeichen einer Kultur, die als Orientierungssystem des Wahrnehmens, Denkens und Handelns dienen. Kulturstandards bieten den Mitgliedern einer Kultur Orientierung für das eigene Verhalten und ermöglichen zu entscheiden, welches Verhalten als normal, typisch, noch akzeptabel anzusehen bzw. welches Verhalten abzulehnen ist. Kulturstandards wirken wie implizite Theorien und sind über den Prozess der Sozialisation internalisiert. Kulturstandards bestehen aus einer zentralen Norm und einem Toleranzbereich. Die Norm gibt den Idealwert an, der Toleranzbereich umfasst die noch akzeptierbaren Abweichungen vom Normwert." [2]

Wesentlich sind für uns zunächst einmal folgende Punkte:

- Im Kontakt zwischen Tschechen und Deutschen wird primär einmal das wahrgenommen, was dem, woran man gewöhnt ist, widerspricht. Das kann etwas Attraktives sein, das kann aber auch etwas sein, das man irritierend, hinderlich oder ärgerlich findet. Das nehmen wir wahr, vieles andere nicht. Denn das eigene kulturelle Orientierungssystem steuert unsere *Wahrnehmung*.

- Das kulturelle Orientierungssystem reguliert unser *Werten*: Die Menschen, die beruflich miteinander zu tun haben, sind üblicherweise in dieser Situation, weil sie in der eigenen Kultur dazu ausgewählt wurden. Sie haben in ihrer Kultur ihre Eignung für diesen Job unter Beweis gestellt. Die Ergebnisse und Leistungen, die sie bislang erbrachten, lassen sie nunmehr als die richtigen Personen für die anstehende deutsch-tschechische Kooperation erscheinen. Damit ist die deutsche wie die tschechische Seite davon überzeugt, mit gutem Grund die eigene Vorgehensweise für effektiv zu halten und der anderen Seite unterstellen zu können, sich kontraproduktiv zu benehmen. Der andere ist seltsam, wundersam, unmöglich! So kann man es doch nicht machen! So geht es nicht! So wie wir es machen, ist es sinnvoll, menschengerecht und richtig. – Kulturstandards sind uns eine Orientierung in der Entscheidung, welches Verhalten als normal, typisch, noch akzeptabel anzusehen ist und welches Verhalten abzulehnen ist.

- Kulturstandards beschreiben Charakteristika auf einem abstrahierten und generalisierten Niveau. Sie beziehen sich auf die einer Nation gemeinsamen Elemente. Sie erheben aber nicht den Anspruch, Individuen zu beschreiben. Ein konkreter Tscheche und ein konkreter Deutscher, Ihr konkreter Kollege, Mitarbeiter, Partner oder Chef kann von etlichen dieser Standards zum Teil erheblich abweichen! Unter Umständen treffen auf ihn nur Facetten dessen zu, was wir darstellen. Vielleicht lebt er manchen Kulturstandard nicht, einen anderen dagegen extrem. Kulturstandards haben eben einen *Toleranzbereich*. Individuelle und gruppenspezifische Ausprägungen der Kulturstandards werden innerhalb des Toleranzbereichs akzeptiert, liegen sie außerhalb, werden sie sanktioniert.

---

2 Thomas, A. (1999). *Kultur als Orientierungssystem und Kulturstandards als Bauteile*. In IMIS-Beiträge, Heft 10, Osnabrück: Rasch, S. 91-130.

Darstellbar ist dieser Sachverhalt mit einer Normalverteilung:

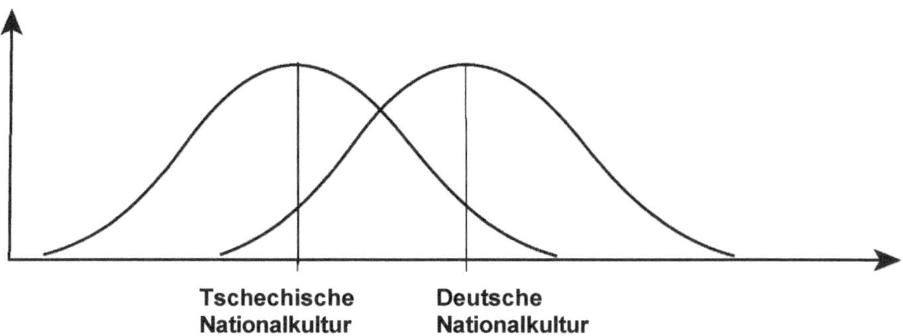


**Abb. 1: Kulturunterschiede als Erwartungswertunterschiede**

Ein Kulturstandard ist nicht bei jedem Mitglied einer Kultur in gleicher Ausprägung vorhanden. Die „zentrale Norm" entspricht dem Erwartungswert und die tatsächliche Schwankungsbreite bzw. die vorhandene Variation den statistischen Standardabweichungen. Für den Kulturvergleich bedeutet das: Die Individuen einer Kultur zeigen gehäuft Verhaltensweisen, die in der anderen Kultur in dieser Häufigkeit nicht beobachtet werden können. Die beobachteten Merkmale sind unterschiedlich stark ausgeprägt. Mit den Kulturstandards beschreiben wir somit Typisches, sozusagen „theoretisch" den „durchschnittlichen" Tschechen und „theoretisch" den „durchschnittlichen" Deutschen. Und der Unterschied im Typischen ist ein quantitativer.

- Aus diesem Spannungsfeld zwischen Anpassung und Individualität bezieht jede Kultur ihre *Dynamik*, denn ein zu starres Festhalten an Normen würde die Weiterentwicklung und Adaptationsfähigkeit einer Gesellschaft hemmen. Kulturen sind somit stets im Fluss und unterliegen zeitlichen Veränderungen. Diese Wandlungsprozesse gehen zwar relativ langsam, weil zunächst Teilgruppen auf Neuerungen reagieren, während große Bereiche noch „hinterherhinken", aber sie finden statt. Eine Kultur passt sich neuen Anforderungen an. Und von manchen Personen, Gruppen und Subgruppen werden Abweichungen sogar erwartet. Sie sollen beispielsweise Motor der Entwicklung spielen. Aber: So groß die Varianz der Kulturstandards innerhalb einer Gesellschaft auch sein mag, verglichen mit den Kulturstandards einer anderen Gesellschaft wird nicht die mögliche Varianz für Minderheiten innerhalb einer Kultur das sein, was ins Auge sticht, sondern eben die Kraft der faktischen Mehrheit. Und das „Typische" tritt wieder sichtbar hervor.

- Grundsätzlich wird auch ein *Ausländer* und sein Verhalten auf der Basis der zentralen Kulturstandards beurteilt. Entspricht er den Standards, wird er eher anerkannt. Vielfach werden an Ausländer sogar strengere Maßstäbe angelegt als an Einheimische, d. h. ihnen werden geringere Abweichungen vom vorgegebenen Standard eingeräumt. Die Befolgung der Standards ist quasi die „Aufnahmeprüfung" zur Akzeptanz in der Fremde.

### *Grenzen des Kulturstandardkonzepts*

Das Kulturstandardkonzept, dem wir folgen, ist nicht unumstritten: Sein größter Nachteil wird in der starken Reduktion komplexer Wirklichkeit gesehen. Kulturstandards würden damit der Stereotypisierung sogar noch Vorschub leisten. Demgegenüber können wir nicht genug betonen – und wir tun das, wo wir können – , dass Verallgemeinerungen über „die Tschechen" und „die Deutschen" Aussagen über vorherrschende Tendenzen in einer nationalen Gruppe sind, aber keine Aussagen über die Einstellungen und Verhaltensweisen einzelner Angehöriger einer nationalen Gruppe. Die wirkliche Person begegnet nicht „dem Deutschen" oder „dem Tschechen", sondern einem ganz **konkreten Individuum**. Sie kennt daher sympathische, offene, humorvolle, ausgeglichene, fachkompetente Tschechen bzw. Deutsche genauso wie unsympathische, verbissene, cholerische, fachlich zweitklassige. Zudem wechselt die Stimmung einer Person und auch diese ihre ureigensten Charakterzüge sind nicht durchgängig zu beobachten. Es gibt eben kein Individuum, das in seinem Denken, Fühlen und Handeln jederzeit exakt den Kulturstandards seiner Kultur entspricht. Die kulturelle Identität ist zwar Bestandteil des Selbstkonzepts und prägt daher die Identität eines Individuums entscheidend mit, doch sie wird wesentlich ergänzt um die persönliche Identität. Und das ist auch gut so, denn genau in diesem Spannungsfeld liegt, wie erwähnt, die Dynamik für Anpassungs- und Wandlungsprozesse einer Kultur, aber auch, wie wir noch sehen werden, die Voraussetzung für eine konstruktive Zusammenarbeit mit Überbrückung der Kulturunterschiede.

Daneben gibt es eine Menge **situativer und struktureller Variablen**, die ebenfalls ihren Einfluss auf das Verhalten haben:

- die Bedingungen des Kontakts (Dauer, Intensität, Freiwilligkeit),
- die Zugehörigkeit zu Subgruppen innerhalb der jeweiligen Kultur (Berufsgruppen, Organisationskultur, Bildungsstand, Sozialstatus),
- die Zielvorstellungen der Beteiligten und ihre Kompatibilität,
- das Tätigkeitsfeld der beteiligten Personen,
- die aktuellen und konkreten Interessen,
- der Status der beteiligten Gruppen und Individuen (Machtstrukturen),
- der möglicherweise stattfindende Wettbewerb zwischen ihnen,
- das dominante soziale Klima, in dem die Begegnung stattfindet (z. B. Unternehmenskultur des Konzerns).

Diese Vielfalt und Vielschichtigkeit der Realität ist uns Autoren voll bewusst und sie muss als Gegengewicht zum vereinheitlichenden, generalisierenden Text zur Beschreibung der Kulturstandards im Auge behalten werden.

Wir verweisen darauf, dass zur Analyse und zur Gestaltung einer konkreten Situation Kulturstandards eben nur *ein* Vehikel darstellen, das die kulturellen Faktoren benennt, die in der deutsch-tschechischen Kooperation wirksam sind. Die persönlich-individuellen und situativ-strukturellen Faktoren sind ebenso wirksam! Gleichzeitig! Weil aber die Übung im Heranziehen individueller und struktureller Erklärungen größer ist als in der Berücksichtigung der kulturellen Faktoren, ist es legitim, diese Ebene deutlich und klar herauszuarbeiten, um sie auch als Werkzeug zur Verfügung zu stellen. Salopp gesprochen, wird sich mit dieser Ebene im Schnitt ein Drittel des Problems verstehen und beheben lassen. Nicht mehr, aber auch nicht weniger.

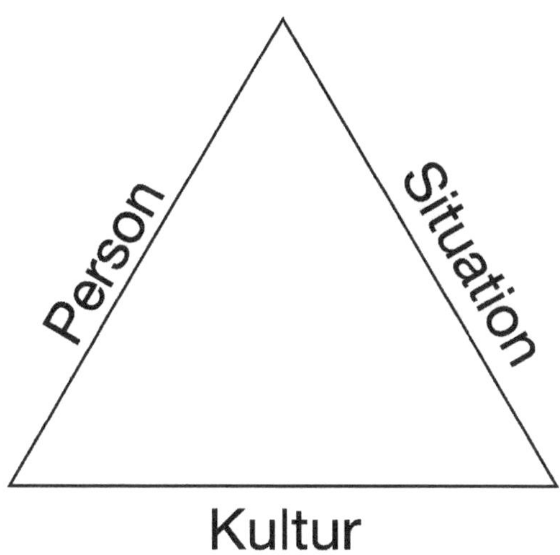


**Abb. 2: Das Wirkdreieck Person – Situation – Kultur**

## *Die polare Darstellung der tschechischen und deutschen Kulturstandards*

Kulturstandards gelten aufgrund der Methode ihrer Gewinnung nur in dem bilateralen interkulturellen Rahmen, in dem sie definiert wurden. Sie beschreiben eine Kultur nicht „objektiv", sondern im Kontrast zur Kontrastkultur. Unter Rückgriff auf die „Logik der adaptiven Gegensätze"[3] entwickelten wir die Definitionen der Kulturstandards als mehr oder weniger gegensätzliche

---

[3] Demorgon, J. & Molz, M. (1996). *Bedingungen und Auswirkungen der Analyse von Kultur(en) und interkulturellen Interaktionen*. In: A. Thomas (Hrsg.), Psychologie interkulturellen Handelns, Göttingen: Hogrefe, S. 43-86.

Kontrastpaare und beschrieben sie von vornherein als Ausprägungsformen in der Nähe kontrastiver Pole. Dem liegt das Verständnis zugrunde, dass Kulturstandardpaare ein Spannungsfeld zwischen Antworten abstecken, die Deutsche einerseits und Tschechen andererseits auf eine zentrale Frage des (Berufs)Lebens geben.

Solche Fragen sind:

(a) Liegt in der Interaktion und Kommunikation der Fokus auf der Sache oder auf den beteiligten Personen?

(b) Welche Einstellung herrscht gegenüber Strukturen?

(c) Werden Dinge hintereinander oder parallel erledigt?

(d) Wo ist ethische Verantwortung verankert?

(e) Wie groß ist die Spannbreite von Betroffenheit?

(f) Wie wird kommuniziert?

(g) Wie wird mit Konflikten umgegangen?

(h) Wie tritt jemand auf?

Weil Deutsche und Tschechen diese Fragen (meistens) unterschiedlich beantworten, lassen sich ihre Antworten als Gegensätze, d. h. als Kulturstandardpaare, darstellen. Wir listen sie an dieser Stelle schon einmal auf und werden sie im nächsten Kapitel dann inhaltlich darstellen.

(a) Sachbezug versus Personbezug

(b) Aufwertung von Strukturen versus Abwertung von Strukturen

(c) Konsekutivität versus Simultanität

(d) Regelorientiertes versus personorientiertes Pflicht- und Verantwortungsgefühl

(e) Trennung von Persönlichkeits- und Lebensbereichen versus Diffusion von Persönlichkeits- und Lebensbereichen

(f) schwacher Kontextbezug versus starker Kontextbezug der Kommunikation

(g) Konfliktkonfrontation versus Konfliktvermeidung

(h) stabile Selbstsicherheit versus schwankende Selbstsicherheit

Dabei steht kein Kulturstandard als polare Tendenz für sich alleine, sondern hat nur Sinn in Bezug auf seinen Gegenpart. Die unterschiedlichen, gegensätzlichen Antworten auf die Fragen machen ja gerade die Spannung aus!

Die Gegensätze eines Kulturstandardpaares stehen zusätzlich in einem dynamischen Verhältnis zueinander: Tatsächlich werden nämlich immer – von Deutschen wie von Tschechen –

beide Pole realisiert, freilich in unterschiedlichem Mischungsverhältnis. Letztlich sind nur die Gewichtungen meist unterschiedlich, so dass sich die Tschechen „mehr so als so" und die Deutschen „mehr so als anders" verhalten. Es gibt also auch Situationen, in denen Tschechen sich nicht vermeintlich tschechisch und Deutsche sich nicht vermeintlich deutsch verhalten, sondern vielmehr den jeweils anderen Pol leben.

Die Bevorzugung des einen Pols ist immer mit spezifischen Vor- und Nachteilen verbunden. Es ist nicht möglich, die Vorteile beider Pole gleichzeitig zu realisieren oder die Nachteile beider Pole gleichzeitig zu minimieren. Warum es zur Bevorzugung des einen Pols gegenüber dem anderen und damit zur Inkaufnahme der damit verbundenen Nachteile kam und kommt, hat mit den historischen Erfahrungen einer Nation und den damit verbundenen lebensgeschichtlichen Erfahrungen der Personen im Sinne einer Art „Gewohnheitsbildung" zu tun.[4]

---

[4] Vgl. Schroll-Machl, S. (2001). Businesskontakte zwischen Deutschen und Tschechen. Kulturunterschiede in der Wirtschaftszusammenarbeit. Sternenfels: Wissenschaft & Praxis.

## 1.2. Wechselseitige Stereotype

Wie sehen und erleben sich eigentlich Deutsche und Tschechen wechselseitig? Was sagt jede Seite von der anderen? Fragt man nach diesen Wahrnehmungen, was wir in unseren Seminaren tun, dann erhält man stets wiederkehrende Antworten, wie sie im Folgenden aufgelistet sind, und typisierende Zeichnungen, von denen wir einige exemplarisch wiedergeben möchten.

### 1.2.1. Wie sehen und erleben Tschechen die Deutschen?

- fleißig, arbeitstüchtig
- zielstrebig
- pragmatisch
- pünktlich
- zuverlässig
- organisieren alles bis zu unnötigen Details
- alles muss nach einem Plan verlaufen
- unfähig zu improvisieren, wenig flexibel, Mangel an Selbstständigkeit, fantasielos
- genau, präzise, perfektionistisch
- pedantisch
- ordentlich
- diszipliniert
- verantwortungsbewusst
- Sinn für Gerechtigkeit
- Sinn für Obrigkeit, autoritär
- gut einschätzbar, berechenbar, transparent
- „kalte Schnauze“: unpersönlicher Umgang, steif, reserviert
- kein Sinn für Humor
- haben eine feste Meinung
- konservativ
- selbstbewusst, arrogant
- sparsam, kleinlich, geizig
- patriotisch (stolz, was Volk geleistet hat)
- geschmacklos, lieben Kitsch (Gartenzwerge)
- Touristen sind arrogant, laut, brüllen herum

**Deutsche privat**

**Deutsche bei der Arbeit**

### *1.2.2. Wie sehen und erleben Deutsche die Tschechen?*

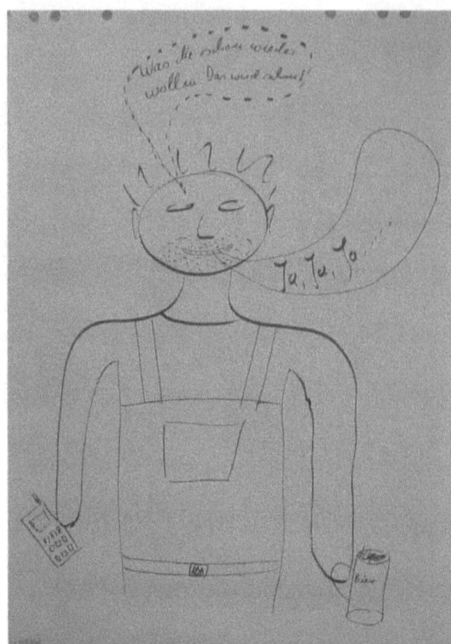

- freundlich, zuvorkommend, hilfsbereit
- feiern gerne, trinken viel Bier, gemütlich
- sind gute Musikanten
- sind lebenslustig
- machen früh Feierabend
- unterhalten sich gerne, sind gesellig
- sorglos
- lassen sich nicht stressen, stressfrei
- suchen den bequemen Weg
- improvisieren gerne, sind geschickt
- sind kreativ
- wenn sie wollen, machen sie vieles möglich
- viele sind sehr fleißig
- nicht immer ganz konzentriert
- Ja-Sager
- machen viele Sachen gleichzeitig
- machen Dinge auf den letzten Drücker oder sogar etwas später
- manchmal aber auch übereilt
- was heute nicht ist, kann morgen werden
- denken und handeln umständlich, nehmen nicht den geraden Weg zum Ziel
- statt zu mailen telefonieren sie lieber
- sind Schlitzohren, sind doppelgesichtig
- hören nicht gut zu, was sie tun sollen; schalten die Ohren oft auf Durchzug
- machen vieles außerhalb von Besprechungen aus
- sind sehr hierarchiebezogen
- vorsichtig, ängstlich, konfliktscheu
- Meister beim Erfinden von Ausreden
- machen bei Problemen aus einem Elefanten eine Mücke
- mogeln sich durch
- Aufgaben bleiben liegen, wenn keiner kontrolliert
- brauchen Druck
- nicht sehr ordnungsliebend
- chaotisch

Stereotype sind Bilder und Eindrücke, die man voneinander hat. So kategorisiert man das, was man wahrnimmt und wie man es auf Basis des eigenen kulturellen Wertesystems beurteilt. Das Ziel des Buches ist es zu ergründen, wieso die Stereotype, die Deutsche und Tschechen voneinander haben, so sind, wie sie sind, und wie die ihnen zugrunde liegenden kulturellen Orientierungen aussehen.

# 2. Tschechische und deutsche Kulturstandards im Vergleich

## 2.1. Kulturstandardpaar: Personbezug versus Sachbezug

**Zentrale Frage**:

Liegt in der Interaktion und Kommunikation der Fokus auf der Sache oder auf den beteiligten Personen? Wird die Inhaltsebene oder die Beziehungsebene mehr betont?

### 2.1.1. Der tschechische Kulturstandard „Personbezug"

Der Kulturstandard „Personbezug" beschreibt die Tatsache, dass Tschechen in der Interaktion und Kommunikation dem Beziehungsaspekt den Vorrang vor dem Sachaspekt einräumen. Die Sachebene rangiert in jeder Interaktion erst an zweiter Stelle. Aus dem Grund bemühen sich Tschechen bei jeder Interaktion, eine menschlich möglichst angenehme Atmosphäre herzustellen – das tut der eigenen wie der anderen Person gut. Einmal geschaffene gute Beziehungen will man sich dann erhalten und man pflegt sie.

#### *Vorrang für die Person*

Der Vorrang für die Person meint zunächst einmal, dass Tschechen stets die jeweils Agierenden stärker und bedeutsamer wahrnehmen als den Inhalt ihres Tuns.

Dazu muss sich jeder Kooperationspartner auch als *Person*, keineswegs nur in seiner Funktion, zu erkennen geben. Man will und braucht „menschliche" Anknüpfungspunkte. Nur das kann Sympathie und damit die Bereitschaft zur gedeihlichen Zusammenarbeit wecken. So ist es beispielsweise für viele „normale" berufliche Aufgaben (z. B. etwas von einer Firma abzuholen) Voraussetzung, dass die agierenden Personen einander kennen, miteinander bekannt gemacht oder „vermittelt" werden. Als Fremder etwas bekommen oder erreichen zu wollen, ist schwierig.

Der persönliche Kontakt und / oder die physische Präsenz signalisieren Wichtigkeit in einem Ausmaß, an das schriftliche Kommunikation und schriftliche Unterlagen nie heranreichen. Die Schriftform für viele Informationen oder Dokumentationen wird sogar eher abgelehnt, weil sie ausschließlich die Sache darstellt unter Ausschluss eines persönlichen Eindrucks und persönlicher Kontakte. Die Bereitschaft zu mündlicher Berichterstattung existiert dagegen durchaus.

Für den Führungsstil heißt das, dass sich gute Führungskräfte Zeit für ihre Mitarbeiter nehmen, Kontakt zu ihnen suchen und viel mit ihnen sprechen. Schließlich ist ja auch ein Mitarbeiter dadurch motiviert, für eine Person, die er schätzt, zu arbeiten. Und diese Ebene ist von Seiten des Chefs aufzubauen. Ein Verantwortlicher protegiert seine Leute und ein Mitarbeiter arbeitet für seinen Chef. Beide Seiten lassen sich primär auf die Person des anderen ein, nicht auf die Sache.

Leistung als einziges oder hauptsächliches Beurteilungskriterium zu benutzen, wirkt sehr hart. Schließlich hat man es mit einem Menschen zu tun, der in diverse Kontexte eingebunden ist und dessen Handeln von vielem mehr bestimmt wird als der Sache, um die es augenblicklich geht.

Tschechen messen auch der eigenen Person einen hohen Stellenwert bei:

- Sie akzeptieren eine Meinung beispielsweise nur, wenn sie wirklich überzeugt worden sind. Eine Expertenmeinung als solche anzuerkennen und ihr deshalb zu folgen, ist unüblich. Die Sache muss jemandem nahe gehen, d. h. man muss entweder sachlich wirklich überzeugt worden sein oder von der Person beeindruckt sein, die sie bringt und der man ihre Sache daher glauben kann und mag.

- Klettert jemand die Karriereleiter hoch, dann gibt ihm seine neue Position vor allem das Gefühl „Ich bin wichtig". Dieses Gefühl überwiegt beizeiten die gedankliche Auseinandersetzung damit, was mit dieser Position an Arbeit verbunden ist.

- Tschechen sind nur ausnahmsweise bereit, alles für ihre Karriere und das Geld zu opfern. Sie legen Wert darauf, genügend Zeit für sich, für die Familie, für Hobbys usw. zu haben. Lieber begnügen sie sich mit weniger Geld. Und die allerwichtigsten Beziehungen sind die Familienbeziehungen. – Die Sache rangiert eben an zweiter Stelle.

### *Hoher Stellenwert einer positiven Atmosphäre*

Man bemüht sich, dass sich der Gesprächspartner möglichst wohl fühlen kann. Man investiert in die Beziehungsebene vorsätzlich und aufmerksam. Tschechen, mit denen längerfristige Kontakte bestehen, werden meist als ausgesprochen „nett" bezeichnet.

Im Geschäftsleben dient ein für deutsches Empfinden zu breit ausholendes Kommunikationsmuster häufig der Herstellung bzw. Sicherung der (guten) Beziehungsebene. In Ausschweifungen kommen dabei „nicht zur Sache gehörende", „unwichtige" Dinge vor und strapazieren die Geduld der Deutschen. Ausführliche Informationen zu dem gerade aktuellen Sachverhalt – auch wenn sie für deutsche Erwartungen weit über die relevanten Tatbestände hinausgehen – bieten viele Anknüpfungspunkte für den Aufbau einer künftigen Beziehung, weil man in weiteren Gesprächen auf sie zurückkommen kann, um eine gemeinsame, vertraute Ebene herzustellen.

Beziehungen werden gepflegt: Man ist gerne in Gesellschaft, liebt Geselligkeit mit Essen und Trinken und Kontakten. Dem „Small Talk" in der Arbeit wird mehr Zeit gewidmet als in Deutschland. Man redet und erzählt überhaupt viel, wenn gegenseitige Sympathie besteht. Das ist Freundlichkeit. Man liebt Witze, Humor, Belustigung, Unterhaltung. Das stellt eine angenehme und gute Atmosphäre sicher. Wenn man sich dabei von sich selbst distanzieren und ironisieren kann, wirkt das besonders sympathisch. Und dann kann man ja wieder zur „Sache" zurückkehren. Bei entspannten Gesprächen schätzt man es, zu fühlen, dass man mit einem „Menschen" spricht, der Gefühle und Schwächen hat. Dabei verspürt man oft wenig Drang, sich individualistisch von anderen abzuheben.

Gastfreundschaft hat einen hohen Stellenwert, denn hier werden Beziehungen angebahnt, gepflegt und genossen. Dazu nimmt man sich Zeit, organisiert Essenseinladungen, Feste und Geschenke zu vielen Gelegenheiten. Auch bereits in Stadien, in denen Deutsche tschechische Gäste mit Kaffee „abspeisen" würden. Engere Gastfreundschaft trägt dabei sehr familiäre Züge beispielsweise in Form von Einladungen nach Hause oder in das Wochenendhaus mit Übernachtung.

In der Arbeit gehen die Personen mehr aufeinander ein, nehmen mehr Anteil aneinander und halten engere persönliche Kontakte als in Deutschland. Mit Kollegen liebt man es, einen fast familiär und sehr vertraut anmutenden Umgang zu pflegen. Tschechen sind zueinander nett, freundlich, anteilnehmend und aufmerksam. Und Emotionen sind in Tschechien dabei immer wichtig, wenngleich sie keinesfalls in überschwänglicher, sondern eher in stiller Art gezeigt werden. Natürlich gedeihen auch Ratsch und Tratsch mit allen positiven und negativen Effekten.

Zusätzliche Leistungen einer Firma, Sozialleistungen, nette Gesten, kleine Aufmerksamkeiten sind hochgeschätzt und können sowohl bei Entscheidungen „kleiner" und „normaler" Leute ausschlaggebend sein, wie auch das Klima der gesamten Kooperation sehr positiv beeinflussen.

### *Vor- und Nachteile des „Personbezugs"*

Tschechen betonen als *den* Vorteil des Personbezugs die größere „Menschlichkeit" in allen beruflichen Zusammenhängen. Damit meinen sie vor allem das angenehmere Arbeitsklima, größeres Verständnis füreinander, engere soziale Beziehungen.

Der Nachteil liegt umgekehrt darin, dass man sehr sensibel und empfindsam ist. Differenzen, Störungen oder Trübungen eines gewissen, je nach Situation zu definierenden „emotionalen Gleichklangs" der Beteiligten werden fein registriert. Es geht sehr schnell, jemanden zu kränken und viele berichten vom „Beleidigtsein" als Kehrseite der sehr geschätzten Freundlichkeit. Dieselbe Rücksicht und Feinfühligkeit, die man anderen angedeihen lässt, möchte man eben auch selbst erfahren. Damit ist grundgelegt, was wir noch ausführlich darstellen werden: das schwierige Verhältnis von Tschechen zu Problemen und Konflikten (vgl. 2.7.: Konfliktvermeidung)

Ein weiterer Nachteil ist, dass notwendige, unangenehme Beschlüsse oder Arbeiten u. U. nicht in Angriff genommen werden, weil in erster Linie die von diesem Beschluss oder dieser Aufgabe betroffenen Menschen gesehen werden und ihnen die damit verbundenen Nachteile erspart werden sollen.

### *2.1.2. Der deutsche Kulturstandard „Sachbezug"*

Für die berufliche Zusammenarbeit ist unter Deutschen die Sache, um die es geht, die Rollen und die Fachkompetenz der Beteiligten ausschlaggebend. Die Motivation zum gemeinsamen Tun entspringt der Sachlage, evtl. den Sachzwängen. In geschäftlichen Besprechungen „kommt man zur Sache" und „bleibt bei der Sache". Ein „sachliches" Verhalten ist es, was Deutsche als professionell schätzen: Man zeigt sich zielorientiert und argumentiert mit Fakten. Wenn man sich kennt oder gar mag, ist das ein angenehmer Nebeneffekt, doch das ist nicht primär relevant.

#### *Die Sache als Dreh- und Angelpunkt*

In Deutschland wird Vertrauen (im Beruf) weitgehend dadurch aufgebaut, dass man mit jemandem sachlich gut zusammenarbeiten kann. Eine solche Person erweist sich als vertrauenswürdig.

Kollegen begegnen einander auf der Basis ihrer Rollen und ihrer Qualifikation. Dazu ist es nicht nötig, eine Beziehungsbasis schon installiert zu haben. Sie besprechen sich, auch wenn sie sich nicht gut kennen. Von der Kompetenz seines Gesprächspartners geht man zunächst einmal aus im Vertrauen auf die herrschenden Selektionsanforderungen. Was stünde dann einer Besprechung, die sachliche Ergebnisse erbringen soll, im Wege? Läuft die Sitzung gut, wird man inhaltlich zufrieden gestellt und sieht man einen Erfolg des gemeinsamen Bemühens, dann kann man ja etwas lockerer und persönlicher werden. Die Sache hatte Priorität, sie ist nun geregelt und nun kann sich (muss nicht!) eine gewisse Entspannung einstellen. Zuerst die Arbeit, dann das Spiel – sagt ein oft zitiertes deutsches Sprichwort.

Experten haben ein hohes Ansehen, denn sie verstehen von einer Sache etwas. Was sie sagen, das hat Gewicht und das wird im Handeln ernst genommen und berücksichtigt. Dabei ist der Expertenstatus sachlich definiert: Jemand kennt sich in seinem Gebiet gut aus. Ob er auch über soziale Kompetenz verfügt, hat auf die Zuschreibung „Experte" keinen Einfluss.

Ein deutscher Führungsstil ist betont sachorientiert. Ein Chef beharrt auf der Erfüllung der Pläne, Strukturen, Termine, Zuständigkeitsbereiche. Das ist der Inhalt seiner Aussagen, darauf zielen seine Argumente; dazu übt er, wenn es sein muss, Druck aus und so beurteilt er die Arbeitsleistungen. Die Sache hat er schließlich zum Erfolg zu führen, die Mitarbeiter sind dazu ein „Mittel", d. h. in ihren Arbeitsleistungen entsprechend zu koordinieren. Ein Chef ist weisungsbefugt, obwohl viele und gerade moderne Chefs sich bemühen, so gut sie können, durch Überzeugung zu führen (partizipativer Führungsstil).

Deutsche Kontrollsysteme sind oft versachlichte, entpersönlichte und „versteckte", z. B. computerisierte Controllingsysteme, die Zahlen, Umsatz, Fakten aufzeigen. Die Kontrolle per Anwesenheit und relativ intensivem, persönlichem Kontakt ist seltener. Die Problemanalyse und Lösungsgenerierung aufgrund der per Computer entdeckten Sachverhalte soll dann motivierend wirken.

In vielen Unternehmen ist das Augenmerk deutscher Manager eindeutig auf Leistung und Zahlen gerichtet. Das soziale Klima interessiert sie in zweiter Linie – leider nicht selten erst dann, wenn die Zahlen Hinweise auf diesbezügliche Missstände liefern. Bei den für eine Entscheidung abzuwägenden Argumenten zählen denn auch vorrangig „harte Faktoren", die „weichen Faktoren" stehen eindeutig in der zweiten Reihe. Etwas überspitzt könnte man sagen: Was „objektiv" nicht relevant ist, existiert für Deutsche mitunter nicht.

Die Sache, um die es deutschen Geschäftsleuten vorrangig geht, ist das Geld. Kosten, Rendite und Gewinn sind Faktoren, die von Deutschen sehr oft bei Entscheidungen, aber auch bei Konflikten ins Feld geführt werden. Kosten-Nutzen-Überlegungen sind für sie ausschlaggebend, denn darauf kommt es in ihrer Aufgabe an und das lässt sie auch in den kleineren Dingen kostenbewusst reagieren. Dieser so transportierte Stellenwert des Geldes wird von Tschechen sehr oft als einseitig, als Sparsamkeit oder auch als Geiz erlebt.

Deutsche nehmen viele Dinge, die ihnen als Service geboten werden, für selbstverständlich. Sie nehmen automatisch an, dass dieser Service zum Aufgabenbereich der Person gehört, mit der sie gerade zu tun haben, denn sonst würde diese wohl diesen Service nicht leisten. Sie haben daher nicht im geringsten das Gefühl, sich dafür dankbar zeigen zu müssen oder es lobend zu erwähnen. Sie haben ja z. B. dafür bezahlt, dass sie gut bedient werden. Und jetzt sehen sie – ganz sachorientiert – auch nur ihr Ziel, den Preis, die Rolle, aber den Menschen dahinter nicht.

### *Kommunikationsstil*

In der beruflichen Kommunikation dominiert weithin die Sachebene, d. h. Dinge, die die Arbeit betreffen, und darin wiederum häufig das, was zum Gelingen der gemeinsamen Vorhaben innerhalb des vereinbarten strukturellen Rahmens beträgt bzw. beitragen soll. Der Kommunikationsstil kann dabei so sehr die Sachebene betonen, dass die Beziehungsebene beeinträchtigt wird. Die weichen Faktoren, die „menschliche Empfindlichkeiten" betreffen, bleiben oft unberücksichtigt und beigefügte Kränkungen u. U. unbemerkt – oder sie werden in Kauf genommen, denn es geht schließlich um die Sache.

Deutsche versuchen das, was sie wollen, argumentativ aufzubereiten, um andere von ihrem Ziel überzeugen zu können. Das geschieht sehr faktenorientiert und z. B. Handlungsansätze, Voraussetzungen sowie Konsequenzen aufzeigend. Auf der Beziehungsebene um Zustimmung zu werben (z. B. durch Humor, durch persönliche Bemerkungen), ist erst möglich, wenn die Fakten klar- und ihre zwingende Logik dargelegt sind. Dann hat sich der Redner als fachkompetent erwiesen und kann ansatzweise die Ebene wechseln.

In Business-Gesprächen, wie Besprechungen, Verhandlungen usw. sind Deutsche zielstrebig, weil sie ihre Sache weiterbringen wollen. Sie reden nicht lange um den heißen Brei, sondern kommen auf den Punkt, um zum Kern ihrer Unterhaltung vorzustoßen. Sie konzentrieren sich auf die ihnen relevant erscheinenden Aspekte. Abschweifungen, Smalltalk oder zeitaufwendige Kontakte erscheinen ihnen als Zeitverschwendung.

Entscheidungen und Handlungen, für die es Sachargumente, aber auch subjektive Affinitäten gibt, werden überwiegend in ihren Sachaspekten dargelegt. Es erschiene als Schwäche, Subjektivem ein zu hohes Gewicht beizumessen. Das sachlich Sinnvolle, Richtige und Notwendige hat den Ausschlag zu geben. Und wie man dazu persönlich steht, kann allenfalls durchschimmern.

Wenn Deutsche Ausreden benutzen, dann führen sie Sachargumente an, die zwar nicht falsch sind, aber doch am Kern vorbeigehen. Persönliche Ausreden werden kaum akzeptiert.

### *Vor- und Nachteile des „Sachbezugs“*

Auch dieses deutsche Muster hat zwei Seiten:

Sein großer Vorteil liegt darin, dass die Fixierung auf die sachlichen Aspekte eine sehr stringente Verfolgung der Ziele und ein sehr weitgehendes Einhalten der Pläne und Strukturen erlaubt. Denn das, was einer solchen Orientierung des Öfteren entgegen stünde – wie momentane Befindlichkeiten, individuelle Empfindlichkeiten usw. – interessiert einfach nicht. Das Ausblenden dieser Steine auf dem Weg zum Erfolg ist ein maßgeblicher Baustein deutscher Effizienz.

Doch der Sachbezug hat – das empfinden Deutsche wie Tschechen – den Preis von Härte und Strenge (vgl. 2.4.: regelorientiertes, internalisiertes Pflicht- und Verantwortungsbewusstsein). So sehr Deutsche das im Hinblick auf manches ehrgeizige Resultat begrüßen, so sehr können auch sie leiden, wenn unter der Fahne von „Sachzwängen" mitunter Entscheidungen getroffen und Taten verlangt werden, die für ihr subjektives Empfinden zu weit gehen und ihr Wohlbefinden deutlich beeinträchtigen.

Deutsche können wirklich sehr sachorientiert und dabei auch konstruktiv sein. Mitunter kann man sich jedoch hinter dem Sachbezug auch gut verschanzen. Selbst wenn es überwiegend Gefühle, persönliche Interessen oder subjektive Überlegungen sind, die jemanden zu einer bestimmten Handlung oder Entscheidung bewegen, dann wird das nicht offengelegt, sondern es werden Sachargumente, die es auch (!) mehr oder weniger deutlich geben mag, vorgeschoben. Oder wenn Deutsche unfaire Spiele spielen, dann verstecken sie diese u. U. hinter dem Anschein von Sachlichkeit, Sachzwängen, obwohl es ihnen eigentlich darum geht zu konkurrieren, zu beeindrucken, jemanden auszuspielen, Macht zu demonstrieren, sich Vorteile zu verschaffen. In diesen Fällen ist es nicht auf Anhieb zu erkennen, was am Verhalten Deutscher wirklich und was scheinbar sachorientiert ist. Aber: Den Verdacht, dass das Verhalten anders als sachlich motiviert ist, hegen Tschechen und viele andere Nicht-Deutsche stets. Doch, das muss fairerweise gesagt werden, sie haben damit wesentlich seltener recht, als sie meinen! Deutsche sind nämlich viel klarer und viel länger auf der Sachebene als das Außenstehende wahrhaben (wollen). – Aber wenn Menschen taktieren und kämpfen, dann eben mit den Bandagen, die sie besonders gut beherrschen. Das ist bei Deutschen nicht anders und daher verfallen sie dann auf ... den Sachbezug.

Der Sachbezug kann auch Blüten treiben, die über das gewünschte Maß hinausgehen. Mancher ist so sachorientiert, dass er sich überhaupt schwertut mit Gefühlen – auch im persönlichen Bereich. Oder ab und an helfen Arbeit und die völlige Konzentration auf eine Sache über private emotionale Krisen und echte menschliche Probleme vermeintlich hinweg und wir haben jemanden, der sich und anderen eine scheinbare Stärke vorspielt, vor uns oder einen sog. „Workaholic". Oder entpuppt sich eine Führungskraft als sozial inkompetent (vgl. 2.9.: Der hässliche Deutsche), hat sie deswegen keine Sanktionen zu befürchten, solange ihr keine fachlichen Fehler unterlaufen; ihr Verhalten wird wissentlich in Kauf genommen. – Doch diese Fälle sind Ausnahmen und fallen auch Deutschen als verdächtig und anormal auf. Es ist aber nicht zu leugnen, dass derartige Erscheinungen durch die Sachorientierung begünstigt werden.

### *2.1.3. Die Dynamik des Kulturstandardpaars „Personbezug – Sachbezug"*

Bei diesem Kulturstandard ist das Mischungsverhältnis zwischen den Polen Sachbezug und Personbezug eine häufige Ursache für Konflikte zwischen Tschechen und Deutschen. Denn Deutsche sind bei weitem nicht nur sachorientiert und Tschechen nicht nur personorientiert, sondern der Kulturunterschied liegt im Primat und in der Betonung der Pole, im WIE des Mischungsverhältnisses. Deutsche sind (im Berufsleben) inhaltlich betont sachorientiert, genau wie dargestellt. Aber während sie das sind, stellen sie eine Beziehungsebene her und pflegen diese. Beispiele:

- Jemand erweist sich als sachlich gut vorbereitet und kompetent, eben als Experte auf seinem Gebiet. – Das lässt Anerkennung und Wertschätzung wachsen und man arbeitet daher mit dieser Person künftig gerne(!) zusammen. Eine positive Beziehungsebene ist dadurch grundgelegt.

- Jemand teilt zu Beginn und während einer Kooperation eine Menge an Wissen sowie relevanten Fakten, Daten, Zahlen, Hintergründen mit. Er überhäuft seinen Kollegen fast mit Informationen schriftlicher oder mündlicher Art. – Auf der Beziehungsebene signalisiert er damit höchste Kooperationsbereitschaft, denn er teilt praktisch sein gesamtes Know-how mit seinem Partner und stellt sich ihm somit quasi ganz zur Verfügung.

- Es gibt Schwierigkeiten und der Kollege zeigt sich als überlegt und klar analysierend. Er bringt Zeit und Energie auf, dieses Problem anzugehen. – Das ist eine engagierte Person, die Respekt verdient und der gegenüber man sich ebenso benehmen wird. So pflegt man eine kollegiale Beziehung.

- Die Zusammenarbeit dauert bereits Jahre. Stets war der Partner um gute Resultate bemüht, Einbrüche im Streben um das Gelingen der Sache waren nicht zu verzeichnen. – Das ist eine dauerhafte, verlässliche Beziehung.

Umgekehrt gilt nun das Dargestellte auch vice versa: Wenn jemand nicht vorbereitet ist, verdient er keine Anerkennung, eine Beziehung zu ihm ist von vornherein zunichte gemacht. Wer sich bei Schwierigkeiten drückt, lässt den Kollegen (nicht nur die Sache!) im Stich. Wer wechselhaftes Engagement zeigt, dem ist ganz offensichtlich die Kooperation mit seinem Partner(!)

nicht besonders wichtig. In einem derartigen Fall bleiben Deutsche plötzlich gar nicht mehr nur sachlich, sondern reagieren ganz offensichtlich verärgert oder gekränkt. Das verwundert Tschechen dann sehr. Und der Grund dafür liegt im Verborgenen: Über die Sachebene und das Engagement auf der Sachebene definieren Deutsche ihre beruflichen Beziehungen – ohne das jemals zu sagen. Vertrauen wird dagegen in Tschechien vorrangig über die Beziehungsebene aufgebaut. Die Frage der Sympathie spielt dazu die erste, wesentliche Rolle. Dann warten und beobachten Tschechen, wie sich die Beziehung weiterentwickelt.

Der interkulturelle Konflikt ließe sich damit als vereinfachendes Bonmot so beschreiben: „Wenn Sie gut arbeiten, dann mag ich Sie", denkt sich der deutsche Partner. „Wenn wir uns mögen, dann arbeite ich gut", ist das Leitmotiv des tschechischen Partners.

### *2.1.4. Beispiele*

Zur Illustration des Gesagten seien ein paar Beispiele aus dem täglichen Leben wiedergegeben. Zunächst das vorbildliche Verhalten einer deutschen Führungskraft, deren Job es ist, die Einarbeitung in die Produktion zu organisieren und zu unterstützen:

Tschechen, die zur Produktion eingearbeitet werden sollen, kommen für ein paar Wochen nach Deutschland ins deutsche Werk. Der zuständige deutsche Chef für die besagte Linie nimmt eigens nochmals Kontakt auf zu seinem tschechischen Kollegen und bespricht mit ihm die Vorgehensweise. Er betont, dass er sich persönlich bemüht hätte, wirklich gute Betreuer auszuwählen. Als die Leute ankommen, begrüßt er sie persönlich und sagt, dass sie keine Angst haben bräuchten, seine Leute stünden ihnen zur Verfügung und sie würden sie betreuen. Und er stellt diese Betreuer vor – es sind deutsche und tschechische, die schon länger in Deutschland eingearbeitet worden sind. In jeder (!) Schicht bemüht sich der deutsche Chef während der ersten Woche aufzutauchen und nach dem Rechten zu sehen. Er erkundigt sich bei allen Gästen und Betreuern, wie es geht und ob sie irgendeine Unterstützung noch brauchen würden. „Seine" Leute ermahnt er wiederholt, zwar 100% zu kontrollieren, aber dies unterstützend und helfend zu tun und keinesfalls zu kritisieren. – Bereits nach einer Woche arbeiten die Tschechen fehlerfrei. Der Chef ist begeistert, sagt das und lobt sie sehr. Alle – tschechische Gäste, Betreuer und Chef – strahlen und freuen sich über ihren Erfolg. – Noch heute, wenn dieser Chef in Tschechien besuchsweise durchs Werk geht, lachen ihn alle freundlich an.

Oder um im Vertrieb mit Tschechen erfolgreich Geschäfte machen zu können, ist ein persönliches Kennenlernen unabdingbar. Wie immer der Kontakt zunächst zustande kam, erst wenn sie ihr Gegenüber kennen, sind Tschechen zu weiterführenden Aktionen bereit. Und fortan ist dann der (gute) persönliche Kontakt *die* Basis, den weiteren Weg mit eventuellen Hürden und Energie raubenden Abschnitten gemeinsam zu gehen. Das Vorhaben, von Deutschland aus via Korrespondenz und Telefon arbeiten zu wollen, ist (bis auf Ausnahmen) zum Scheitern verurteilt.

Eigentlich in allen Feldern der Kooperation ist folgendes, auf dem Personbezug beruhendes Missverständnis anzutreffen: Vor lauter Rücksichtnahme, kann es vorkommen, dass Tschechen manchmal leere Versprechungen machen. Sie wollen nicht nein sagen, um den deutschen Partner nicht zu enttäuschen. Sondern sie sagen ja, weil sie wissen, dass der Deutsche das jetzt hören möchte, und trösten sich selbst mit der Hoffnung, dass ihnen hoffentlich etwas einfallen wird, den Wunsch des Deutschen zu erfüllen. Der Deutsche freilich ist zum Schluss dann wegen dieser „Unzuverlässigkeit" verärgert – und der Tscheche meinte es doch so gut.

### *2.1.5. Zusammenfassung und Empfehlungen*

| **Personbezug (CZ)** | **Sachbezug (D)** |
|---|---|
| Beziehungsebene hat Vorrang vor Sachebene:<br>• Vorrang für die Personen<br>• positive menschliche Atmosphäre<br>• miteinander bekannt werden<br>• eigene Person ist wichtig (Wohlbefinden; überzeugt werden wollen)<br>• physische Präsenz, Zusammensein<br>• Investition in Beziehungsaufbau<br>• Pflege der Beziehungen<br>• Vitamin B<br>• soziale Faktoren wirken motivierend<br>• *wie* etwas gesagt wird, ist so wichtig, wie was gesagt wird<br>• Menschlichkeit<br>• Empfindsamkeit, aber auch Beleidigtsein<br>• Harmonie und Gleichheit in der Gruppe sind wichtig | Sachebene hat Vorrang vor Beziehungsebene:<br>• Sache steht im Zentrum der Aufmerksamkeit, Atmosphäre wird oft vernachlässigt<br>• Interaktion auf der Basis der Rollen der Beteiligten<br>• Vertrauensaufbau durch sachlich gute Zusammenarbeit<br>• Bewertung = Leistungsbewertung<br>• Kommunikationsstil: zum Punkt, zielorientiert,<br>• Argumente sollen überzeugen<br>• wenig Rücksicht auf Empfindsamkeiten<br>• wirkt streng und hart<br>• gewisse Konkurrenz zwischen Einzelnen |

**Empfehlungen für Deutsche, die mit Tschechen arbeiten:**

1. Gehen Sie nicht davon aus, dass etwas akzeptiert oder gar gemacht wird, nur weil es sachlich einsichtig erscheinen müsste. (Zur sachlichen Einsicht müssen nun noch diverse motivationale Faktoren hinzukommen. – Vgl. 2.4.: personorientiertes Pflichtbewusstsein). Alleine mit der Reduktion dieser Erwartung ersparen Sie sich schon viel Ärger.

2. Seien Sie sich dessen bewusst, dass es genau diese deutsche Sachorientierung ist, die unsympathisch wirkt und Stereotype wie „Kälte", „Unnahbarkeit", „Arroganz" nährt.

3. Ergänzen Sie diese Ihre Sachorientierung um Elemente des Gegenpols Personorientierung. Zeigen Sie sich als Mensch.

4. Betreiben Sie kein Spiel mit der Beziehungsebene. Setzen Sie persönliche Beziehungen nicht instrumentell ein. Zum einen werden Sie nach kurzer Zeit sowieso durchschaut werden, zum anderen wirkt auf Dauer nur Authentizität. Bemühen Sie sich um die Herstellung eines echten Kontakts, wie er zu Ihnen und Ihren tschechischen Kollegen passt. Versuchen Sie die Tschechen, mit denen Sie zu tun haben, ehrlichen Herzens wertzuschätzen. Diese echte Sympathie, dieses wirkliche Interesse vermittelt sich. Suchen Sie nach dem, was Sie persönlich tatsächlich anspricht, vielleicht sogar in den Bann ziehen oder zum Tschechophilen machen kann.

5. Bemühen Sie sich, zu Beginn einer Kooperation schon eine Beziehungsebene zu installieren und die Sachebene „gebremster" zu verfolgen. Schaffen Sie dazu Foren für persönliche Begegnungen. Wenn man sich kennenlernt, kann Sympathie entstehen.

6. Investieren Sie in die Beziehung zu den Leuten, mit denen Sie regelmäßig zu tun haben. Nehmen Sie sich Zeit dafür. Wenn Sie von Deutschland aus mit Tschechen zusammenarbeiten, heißt das notwendigerweise viele Besuche zu machen und auch viele Gegeneinladungen auszusprechen. Das Motto „Kommen, kommandieren, kontrollieren, kritisieren", wie das Tschechen vielen Deutschen nachsagen, funktioniert sicher nicht. – Trotzdem gilt: Eine gute Beziehungsebene ist eine notwendige Bedingung zur Zusammenarbeit, keinesfalls aber eine hinreichende (vgl. 2.4.: personorientiertes Pflicht- und Verantwortungsbewusstsein).

7. Beziehungen brauchen Zeit, bis sie sich entwickeln. Vermeiden Sie gutgemeinte „Kontaktüberfälle" auf Ihre tschechischen Kollegen. Sie können die Entwicklung nicht vorsätzlich beschleunigen, sondern Sie können nur so, wie Sie eben als Person sind, offen sein für Kontakte. Andernfalls machen Sie sich verdächtig (was will der?).

8. Im Gespräch sollten Sie trotz Zeitdruck auf den Menschen eingehen. (Nebenbei: Die Zeit, die Sie hier aufbringen, „kriegen" Sie wieder „herein", weil keine Nacharbeit gemacht werden muss.)

9. Und wenn Sie eine einigermaßen tragfähige Beziehungsebene geschaffen haben, dann können Sie Ihr dringendes Anliegen auch einmal so formulieren: „Ich bitte Sie um diese Tätigkeit, um dieses Verhalten....". Selbst wenn der tschechische Partner das selbst nicht als so wichtig betrachtet, so wird er einem netten Menschen keinen Gefallen abschlagen.

10. Als Führungskraft tschechischer Mitarbeiter sind Sie mehr als in Deutschland in Ihrer Eigenschaft als sozialer Ausgleichsfaktor gefragt. Bei Konflikten beispielsweise muss die Interaktion viel mehr über Sie, den Chef, laufen: Sie müssen die Gefühle immer wieder rausnehmen und mit jedem sachlich und seine Perspektive betreffend arbeiten. (Doch auch zur Konfliktregulation werden wir unter 2.7. noch vieles sagen.)

11. Wenn Sie Personalauswahl betreiben, dann geben Sie der sozial kompetenteren Person den Vorzug. Die Fähigkeit, Beziehungen aufzubauen, ist der Schlüssel zum Erfolg, wie wir im Verlauf des Buches noch zunehmend sehen werden.

12. Installieren und pflegen Sie in der Firma bewusst den „sozialen Faktor" im Formellen wie im Informellen: Feiern, Dienstreisen, Extra-Belohnungen für besonders gute Arbeit, Kredite, Zuzahlungen zum Essen, Einladungen zum Essen nach einer großen Aktion... und was Ihnen sonst noch einfällt.

13. Im Idealfall sollte es Ihnen möglich sein, für (sachliche) Probleme eine persönliche (individuelle, situativ angepasste) Lösung zu suchen, die erkennbar die Bedürfnisse der tschechischen Kollegen bzw. Mitarbeiter einbezieht.

**Empfehlungen für Tschechen, die mit Deutschen arbeiten:**

1. Gehen Sie davon aus, dass Sie im beruflichen Kontakt Deutsche vorwiegend betont sachorientiert erleben. Erwarten Sie nichts anderes, das erspart Ihnen Enttäuschung.

2. Gehen Sie aber auch nicht davon aus, dass diese Sachorientierung alles ist, wozu Deutsche fähig sind. (Wann Sie sie anders erleben können, erläutern wir unter 2.5.: Trennung von Lebensbereichen)

3. Wenn Sie Deutsche von etwas überzeugen wollen oder für etwas gewinnen wollen, dann bereiten Sie Ihr Anliegen sachlich auf. Lassen Sie sich auf Problemanalysen ein und bringen Sie hier die Punkte vor, die aus tschechischer Sicht wichtig und entscheidend sind. Überlegen Sie sich Argumente, geben Sie Ihrer Darstellung einen logischen Faden, untermauern Sie Ihre Überlegungen mit Fakten. Dann hören Deutsche Ihnen wirklich zu, treten in ein Gespräch mit Ihnen ein und beginnen, Sie als Partner zu schätzen.

4. Wenn Sie auf „weiche" Faktoren fokussieren wollen, dann kleiden Sie auch diese in ein sachliches Gerüst und überlegen Sie sich so stichhaltige Argumente wie möglich. Oft ist eine Quantifizierung sehr nützlich. Dabei dürfen Sie ruhig von Schätzungen ausgehen, die ebenso realistisch wie möglich sind.

5. Machen Sie sich bewusst, dass Deutsche über die Sache Beziehungen stiften. Versuchen Sie diese Signale wahrzunehmen (z. B. umfangreiche Vorarbeiten, detaillierte Erklärungen, langfristig angelegte, frühzeitige Planungs- und Informationsbesprechungen) und nehmen Sie das Beziehungsangebot, das darin steckt („ich möchte mit Ihnen gut und kollegial zusammenarbeiten"), an.

## 2.2. Kulturstandardpaar: Abwertung von Strukturen versus Aufwertung von Strukturen

| **Zentrale Frage:** |
| --- |
| Welche Einstellung herrscht gegenüber Strukturen? |

### 2.2.1. Der tschechische Kulturstandard „Abwertung von Strukturen"

Um diesen Kulturstandard verstehen zu können, ist ein kleiner geschichtlicher Exkurs nötig: Tschechien war, von kurzen Epochen abgesehen (1918-1938; 1989-2004), stets in größere, von anderen dominierte Herrschaftszusammenhänge eingebunden: ins Deutsche Reich, in die Habsburger Monarchie, in das Dritte Reich als Protektorat Böhmen und Mähren; dann in den Ostblock. Diese Geschichte wurde als eine Geschichte permanenter Fremdherrschaft empfunden. Um sich dagegen aufzulehnen, war das Volk zu klein. So hatte man sich mit etlichen Niederlagen schlicht abzufinden und sich andere Überlebensstrategien zu überlegen. Sowohl das Faktum relativ geringer Macht wie auch das Erleben dieser Umstände als identitätsbedrohend prägten die tschechische Mentalität nachhaltig. Das führte früh zu einer Entfremdung von Regierungsstrukturen, zu einer Art „Besatzungsmentalität": Man widersetzte sich dem Staat und seinen Gesetzen, um dem aus eigenem Antrieb und Interesse Gewollten immer wieder zum Durchbruch zu verhelfen. Für unseren Kontext bleibt somit festzuhalten: Die Abwertung von Strukturen war seit dem 16. Jahrhundert eine psychologische Überlebensnotwendigkeit, wollte man nicht seine Existenz als eigenes Volk aufgeben und völlig assimiliert werden.

#### Reaktanz als Grundmotiv für die Abwertung der Strukturen

Wenn jemand glaubt, sich frei verhalten zu können, dann aber eine Einengung erlebt, so dass die Freiheit geringer wird oder ganz aufgehoben ist, entsteht eine motivationale Erregung, die eliminierte Freiheit wiederherzustellen, die man als „Reaktanz" bezeichnet. Das ist bei Tschechen extrem häufig der Fall. Während für Deutsche eine Form von „Struktur" oder Plan hilfreich ist, weil er Zeit und Inhalte (Sache) organisiert, erleben Tschechen einen Plan als Einschränkung: Er organisiert in ihren Augen nicht die Sache, sondern die Person(!) und sie lehnen ihn tendenziell ab. Formalismen beispielsweise erwecken Misstrauen und Zweifel, Befehle führen zu großer Reserviertheit, zu klare Handlungsvorgaben wirken freiheitsberaubend und bevormundend und provozieren geradezu Nichteinhaltung. Taucht das Gefühl der Unfreiheit auf, dann ist die Wahrscheinlichkeit hoch, dass eben diese Vorgaben zu umgehen versucht werden. An der Mitgestaltung von Arbeitsprozessen, Arbeitsweisen und beruflichen Rollen nicht beteiligt zu werden, sondern diese Prozesse nur ausführen oder umsetzen zu müssen, wird als degradierend empfunden.

Außerdem herrscht die Tendenz, bereits mit Arbeitsbeginn ein von außen gestecktes Ziel oder eine von außen kommende Entscheidung anzuzweifeln. Man geht a priori davon aus, dass das Ziel nicht erreicht werden muss, dass es auch andere Möglichkeiten geben wird. Tschechen nehmen zudem an, dass sich irgendjemand am grünen Tisch diesen Plan oder diese Norm willkürlich ausgedacht hat, ohne eine Ahnung davon zu haben, ob das tatsächlich sinnvoll oder gar notwendig ist. Normen, Vorschriften und Gesetze werden von vorne herein sehr oft für dumm und unsinnig gehalten. Wer sich nun an die gegebenen Strukturen hält, erweist sich als einfältig und nicht-mitdenkend. Intelligenz besteht darin, sie zu umgehen. Ob das in der jeweiligen konkreten Situation stimmt, sei dahingestellt. Tatsache ist, innerlich erfolgt eine Abwertung der außen wahrgenommenen Struktur. Tschechen sagen von sich selbst, Disziplin sei ihnen nicht angeboren, sie wollen keine „gezähmten Affen" sein, sondern sich selbstständig und unabhängig fühlen. Manche nennen es fast einen Sport, sich bei einer Vorschrift oder Anweisung sofort zu überlegen, wie das, was da verlangt würde, auch anders gemacht werden könnte. Tschechen wollen nicht folgen und gehorsam sein. Darin liegt ihr Stolz. – Das geht u. U. so weit, dass auch besprochene Regeln und Termine und dass Vereinbarungen nicht strikt eingehalten werden. Zugunsten einer gewissen Freiheit im Handeln.

Ist dennoch die Anfangshürde überwunden und Tschechen sind im Begriff, innerhalb einer Struktur zu agieren, dann nimmt diese Haltung folgende Form an:

- Tschechen legen sich nicht gerne fest. Klare Entscheidungen würden nämlich keinen Ausweg mehr offen lassen und das wird zu vermeiden gesucht.
- Tschechen übernehmen nicht gerne Verantwortung, sondern bürden sie lieber Hierarchien auf. Damit können sie sich einen Schleichweg offen halten, denn von den Hierarchieträgern distanziert man sich in ähnlicher Weise.
- Wenn Tschechen keine Möglichkeit zum Ausscheren oder zur Beeinflussung einer Struktur haben, dann machen sie mit und erfüllen die an sie gestellten Erwartungen. Sie sehen vielleicht, dass mit Hilfe der Struktur ein Ziel gut erreicht wird. Aber sie bewahren sich auch dann noch eine innere Distanz und unterhalten sich z. B. informell darüber, „wie blöd das ist, was sie zu tun haben".
- Ist eine Person am Ende einer Handlung angekommen – selbst wenn sie das intendierte Ziel akzeptiert und erreicht hat –, dann will sie sich immer noch sagen können: Ich habe das aufgrund einer eigenen Idee erreicht, ich habe den Befehl nicht befolgt.
- Tauchen Hindernisse auf – von außen, von innen, subjektive oder objektive –, dann setzt die „praktische Intelligenz" und „tschechische Schläue" ein, wie das System, in dem man sich befindet, ein bisschen zu „erweitern" und das Hindernis zu umgehen ist. Und dann macht sich ein „tschechisches kleines Spielerchen" auf die Suche, ein „Weglein" zur Lösung zu finden. Man setzt beispielsweise in größeren Projekten seine informellen Kontakte, in kleineren Projekten sein Improvisationstalent i. e. S. ein und versucht zu tun, was man eben für die beste Möglichkeit im Sinne eines „Wegleins" hält. Hat man damit Erfolg, ist man sehr stolz. Auf diese Art finden sich diverse Schlupflöcher und Hintertürchen...

### *Kreativität, Einfallsreichtum und Improvisationsliebe im engeren Sinne*

Das geschilderte Verhalten ist nur möglich, wenn jemand wirklich einfallsreich und kreativ ist und improvisieren kann. Das ist bei Tschechen gegeben: Spielräume werden gewittert und genutzt. Das Motto angesichts eines im Prinzip klaren Regelwerks heißt oft: „Eigentlich geht es (= das, was man gerade im Begriff ist zu tun) nicht, aber probieren wir es." Tschechen lieben es, zu improvisieren. Sie halten es für eine ihrer charakteristischen Eigenschaften, flexibel, geschmeidig, findig zu sein. Diese Eigenschaft erfüllt sie mit Stolz: kreativ sein, gestalten, spielen – das bevorzugen sie allemal. Das ist – so sind sie weithin überzeugt – auch der Boden, auf dem neue und gute Ideen gedeihen können.

Wird es einmal knifflig, hat es schon fast Sportcharakter, dass jemandem auf Anhieb eine gute Lösung für ein Problem einfällt. Was Tschechen mit großer Freude und mit Stolz erfüllt, ist, wenn sie einen positiven Überraschungseffekt lancieren können – ganz besonders gegenüber Deutschen. („Dass wir das schaffen – da schaut ihr?!") Und grundsätzlich kann man sagen: Motivierte Tschechen bemühen sich eigentlich immer zu tun, was in ihren Kräften steht. Aber ob es eben klappt, ob die Mühen wirklich den erhofften Erfolg zeitigen, das ist eben nicht vorauszusagen.

Vorbereitung für etwas heißt i. Allg.: Vorbereitung der ersten Schritte. Ab dann wird eine spontane, gekonnte Reaktionsfähigkeit von vorne herein einkalkuliert. Tschechen vertrauen auf ihre Improvisationsfähigkeit und bereiten sich manchmal z. B. für Besprechungen oder Verhandlungen gar nicht vor, weil sie sich darauf verlassen, mindestens in 50% der Fälle mit Improvisation die Situation zu meistern. Das Wichtigste ist für sie das Ziel, der Weg dorthin mit seinen Details und Terminen ist zweitrangig. Hier kann und muss man sehen...

Dass die Abwertung von Strukturen auf Kosten der Qualität, der Perfektion, der Optimalität der Sache gehen können, ist Tschechen kein Problem. Selbst einen angerichteten Schaden erkennen sie nur ungern an. Hier zeigen sie sich „großzügig" – so nennen sie es.

### *Reaktion statt Aktion*

Die Abwertung von Strukturen hat zur Voraussetzung, dass es Strukturen gibt und dass man sie kennt. Das bedeutet:

(1) Das bislang beschriebene Verhalten funktioniert nur dann, wenn irgendjemand Strukturen vorgibt (egal ob es sich dabei um einen ausländischen Investor oder einen in der jeweiligen Situation mächtigeren Tschechen handelt). Das Gefühl organisiert zu *werden* (Passiv!) setzt ein und in seiner Folge das Spielen mit der Struktur.

(2) Dieses Gefühl wird (und wurde im Laufe der Jahrhunderte) nun generalisiert! Tschechen schätzen sich fast immer als zu schwach ein, die Bedingungen für ihre eigene Arbeit *selbst* beeinflussen zu können – schon gar nicht auf längere Sicht. Sie rechnen praktisch latent immer damit, dass sie ihr Verhalten an anderen ausrichten müssen: an der geänderten Situation, an Mächtigen, an neuen, ihnen noch unbekannten Bedingungen. Deshalb ist es nur rationell und vernünftig, *re*aktiv zu sein, statt proaktiv. Die Abwertung von Strukturen

und die Improvisation ist die positiv bewertete Lösungsstrategie für derartige Rahmenbedingen, seien sie nun faktisch gegeben oder vermutet!

(3) Auf individueller Ebene heißt das, dass jemand zunächst einmal nicht darin geübt ist, sein Verhalten proaktiv zu planen, Verantwortung zu übernehmen, sich seine Bedingungen selbst zu gestalten und zu setzen, sondern sich auch vielmehr hier anpasst an tatsächliche oder vermeintliche, nicht zu ändernde, äußere Bedingungen. Tschechen sind zufrieden, wenn sie eine eigentlich verlorene, aussichtslose Situation „retten" können, indem sie ihr wenigstens irgendetwas Positives, manchmal bloß einen Nebeneffekt, abgewinnen oder indem sie ein Mindestmaß der Zielerreichung arrangieren können.

(4) Auf der Ebene der beruflichen Zusammenarbeit besteht aber auch folgende Möglichkeit: *Wenn* ein starker Partner seinen tschechischen Partner von seinen guten Absichten überzeugen kann *und* davon, dass er die Bedingungen (Strukturen) über längere Zeit garantieren kann, dann kann sich das Verhalten völlig ändern: Tschechen werden dann nicht nur Pläne, Normen, kurz: Strukturen respektieren und einhalten, sondern sogar an ihrer Perfektionierung konstruktiv mitarbeiten. Das ist eine der Ursachen für die vielen Erfolgsgeschichten, die es in der deutsch-tschechischen Kooperation gibt.

### *Vor- und Nachteile*

Die Vorteile des Kulturstandards „Abwertung von Strukturen und Improvisationsliebe" liegen in der tschechischen Improvisationsfähigkeit: Manchmal schaffen Tschechen etwas, was unter strenger Berücksichtigung der Strukturen nicht möglich wäre. Aus dem gleichen Grund sind Tschechen manchmal auch schneller als erwartet. Oder manchmal gelingt Tschechen eine positive Überraschung, was heißt, dass sie mehr tun, als eigentlich erwartet werden würde. Der innere Gewinn liegt dabei in der Aufwertung der eigenen Person als „schlau", „findig", „pfiffig", „kreativ" und verursacht das zufriedene Gefühl, „intelligenter als die Deutschen" zu sein.

Die Nachteile des Kulturstandards liegen immer wieder in der Güte der Arbeitsergebnisse: Die Qualität einer Sache – z. B. eines Vorgangs, eines Produkts – kann leiden, die Sache kann sogar Schaden nehmen, ein Ergebnis kann suboptimal bleiben, ein Resultat wird eventuell nicht rechtzeitig fertig gestellt sein.

### *2.2.2. Der deutsche Kulturstandard „Aufwertung von Strukturen"*

Deutsche lieben Strukturen. Dahinter steckt:

Deutsche streben in ihrem beruflichen Handeln nach einem „Optimum", das sie mit Hilfe von Strukturen erreichen zu können glauben. Sie wollen die Dinge, die sie tun, möglichst gut machen und sich einem Optimum/Maximum möglichst weitgehend annähern. Sie stecken sich daher qualitativ hochwertige Ziele (hohe Produktqualität; hoher Organisationsgrad der Logistik usw.) und wollen dann einen möglichst reibungslosen, gangbaren und effektiven Weg zu diesem Ziel beschreiten. Als *die* Art und Weise, wie dieses Optimum zu erreichen ist, gelten Strukturen, Systeme und Normen, die Uneindeutigkeiten, Unsicherheiten und damit Störungen ausschalten sollen.

Im Kontrast zur tschechischen Skepsis liegt die entscheidende Grundeinstellung Deutscher bzgl. beruflicher Normen und Systeme nun des weiteren darin, dass man Strukturen i. Allg. als „geronnene Erfahrung" betrachtet. Hier hat sich nicht jemand willkürlich eine Norm ausgedacht, die im Grunde sinnlos ist und auch ganz anders sein könnte, sondern hier schlugen sich die Erfahrungen vieler nieder, die bereits an diesem und ganz ähnlich gelagerten Problemen gearbeitet haben. Der nunmehr als Struktur vorhandene Weg erwies sich dabei als gut und effektiv und deshalb ist man gewillt, diesen Weg auch künftig zu beschreiten. Das gilt für sämtliche Tätigkeiten in der Produktion, aber auch für viele Verwaltungsabläufe oder sonstige, irgendwie auf Routine basierenden Arbeiten. Hat jemand Kritik an diesen Verfahren zu äußern, kann er das als Verbesserungsvorschlag und als Weiterentwicklung tun. Dass ein Einzelner jedoch klüger wäre als die „geronnene Erfahrung" vieler, die ebenfalls Fachleute auf ihrem Gebiet sind bzw. waren, wird nur in Ausnahmefällen und aufgrund sehr stichhaltiger Argumente akzeptiert.

Mit anderen Worten: Hinter ihren Systemen und Normen sehen Deutsche i. Allg. viel Sinn. Regelungen sind für sie gleichbedeutend mit (bewährten) Problemlösungen. Die Normen haben geradezu Symbolcharakter für „beständige deutsche Wertarbeit" oder für Fortschritt im Sinne einer kontinuierlichen, verbessernden Veränderung.

Der Kulturstandard „Aufwertung von Strukturen" ist somit folgendermaßen zu definieren: Um (1) das Erreichen ihres relativ hohen Qualitätsanspruchs absichern zu können, sind Deutsche (2) planerisch, strukturierend und organisierend tätig (3) bis ins Detail. Das Grundmotiv ist dabei, ein Maximum an Orientierung und Unsicherheitsvermeidung sowie eine Risikominimierung zu erreichen. Das ist im beruflichen Feld gleichbedeutend mit Qualität: nichts Wichtiges übersehen, keinen Fehler machen.

### *Organisationsliebe*

Gilt es, ein Ziel zu erreichen, dann möchten Deutsche möglichst aktiv – nicht reaktiv – planen und organisieren sowie dann möglichst störungsfrei handeln können. Sie bemühen sich daher, ihre Vorhaben prophylaktisch „in den Griff" zu bekommen und erstellen sich selbst „Systeme". Firmenabläufe werden standardisiert, Verfahren vereinheitlicht, Zuständigkeits- und Kompetenzbereiche definiert, Arbeitsteilungen klargelegt, Informationsflüsse formalisiert, Modelle für Problemlösungen schematisiert usw. Bei alledem gelten umfassende und vorausschauende Aktivitäten als ideal, eine Ad-hoc-Organisation dagegen als Notlösung zum Ausbügeln einer suboptimalen Planung oder nicht vorherzusehender Schwierigkeiten.

### *Detailorientierung*

Den unübersehbaren Perfektionsanspruch setzen sie in ihren Planungen in ein mentales Modell um und denken dann deduktiv weiter: Sie brechen ihre Ideen bis ins Kleinste herunter. Nicht nur, dass sie also gerne organisieren und planen, sie machen das sogar noch ziemlich detailverliebt. Sie achten in vielem auf Kleinigkeiten und tun sie nicht als nebensächlich ab.

Darin steckt für deutsches Empfinden oft sogar die wahre Qualität einer Sache, aber auch die eigentliche Problematik. („Der Teufel steckt im Detail").

Es ist somit kennzeichnend, dass Deutsche

- exakte, detaillierte Planungen vornehmen;
- vorsorglich auf Fehlervermeidung achten;
- gut vorbereitet sind für Besprechungen und Verhandlungen;
- der Ordentlichkeit i. e. S. einen relativ hohen Stellenwert beimessen;
- detailliert präsentieren, erläutern und erklären.

Den Perfektionsanspruch, die Organisationsliebe und die Detailorientierung Deutscher finden wir in zahlreichen Beispielen:

Deutsche planen gerne vorausschauend und langfristig.

Dabei sind sie risikoscheu: Sie versuchen, möglichst nichts dem Zufall zu überlassen, sondern Unwägbarkeiten und Risiken zunächst einmal durch möglichst umfassendes Planen auszuschalten. Sie wollen vermeiden, dass Unvorhergesehenes passiert und Änderungen nötig sind.

Entscheidungen können u. U. schon mal länger dauern, weil Deutsche versuchen, auf Nummer Sicher zu gehen und viele Eventualitäten in ihre Überlegungen und Planungen mit einzubeziehen. Sie möchten sich einen guten Überblick über die Sachlage verschaffen, sie überstürzen nichts, sondern überprüfen lieber ein zweites Mal.

Um später dann nachvollziehen und kontrollieren zu können, wer wofür genau zuständig ist, wie was exakt vereinbart war, bevorzugen Deutsche schriftliche Ausführungen, schriftliche Bestätigungen oder Zusagen, schriftliche Dokumentationen (Arbeitszeitnachweis, Leistungstabellen usw.). Damit ist im Rahmen einer beruflichen Tätigkeit viel „Schriftkram" und Bürokratie zu erledigen, was oft auch Deutschen lästig ist. Ihr Wert erweist sich aber sowohl im Zwang, damit genauer planen zu müssen, wie auch bei Problemen die disfunktionalen Stellen herausfinden und künftig optimieren zu können.

In der Produktion streben Deutsche nach 100% Fehlervermeidung, nach Genauigkeit, Präzision, Exaktheit. Ihre Zielvorstellung ist ein perfektes Produkt. Dazu wird penibel kontrolliert und pedantisch auf die Normen, die diese Ansprüche sicherstellen sollen, gepocht. Maßstab ist die Kundenzufriedenheit. Und diese Kunden deutscher Firmen und Konzerne legen beim Kauf der Produkte Wert auf Qualität – definiert als Fehlerfreiheit. Schließlich besteht darin für viele Branchen ein traditionelles Gütesiegel, das nicht aufs Spiel gesetzt werden soll. Das Image der Firma und damit ihre künftige Auftragslage und ihr weiterer Erfolg hängen daran. Somit sind tschechische Töchter deutscher Konzerne sowie Zulieferer für deutsche Firmen mit hohen, ihnen manchmal unnachvollziehbaren Ansprüchen konfrontiert. Dabei reicht es eben nicht, wenn nur das Wesentliche funktioniert. Die Perfektion erweist sich dann, wenn auch die unwesentlichen Dinge beachtet sind. Und um das zu erreichen, gilt es als unerlässlich, sich exakt (nicht ungefähr) an die Vorgaben zu halten.

Sitzungen und Besprechungen dienen dazu, den Informationsfluss in geregelten und nachvollziehbaren Bahnen laufen zu lassen. Damit soll gewährleistet werden, dass alle, die etwas wissen müssen, dieses auch erfahren und dass andererseits nichts übersehen wird. Manche Sitzung dauert, denn Deutsche erklären und diskutieren im Detail.

Dienstwege werden überhaupt eingehalten. Man spricht die laut Organigramm Zuständigen an und ist bemüht, Verantwortliche nicht zu übergehen.

Geldfragen werden exakt, d. h. auf den einzelne Euro genau geklärt. Das ist eben auch Ausdruck von Exaktheit.

Checklisten verhindern, dass etwas vergessen oder übersehen wird.

Geschriebene und ungeschriebene Regeln und Verbote gibt es sehr viele – für fast alle Lebensbereiche, z. B. auch für die Höhe des Trinkgelds. Als anständiger, korrekter Deutscher möchte man sich an solche Normen halten.

Machtkämpfe laufen unter Deutschen als Streit um Zuständigkeiten und Kompetenzen.

Führungskräfte sind Repräsentanten der Strukturen. Ihnen gegenüber werden sich die Mitarbeiter daher dienstbeflissen im Sinne der Strukturen zeigen.

### *Vor- und Nachteile*

Die Vorteile dieses Musters liegen in Folgendem:

Wenn ein System wirklich gut installiert ist, kann es tatsächlich gute Ergebnisse bringen. Es mag zwar eine gewisse Genialität fehlen, aber das Gesamtvolumen des Erreichten kann sich sehen lassen.

Deutsche empfinden es als Entlastung, wenn durch eine Struktur etwas übersichtlich und handhabbar geworden ist. Ein großes Stück „Denkarbeit" ist erledigt – sei es durch eigene Aktivität, sei es durch die Expertise anderer. Man ist zuversichtlicher, das Ziel auch erreichen zu können und kann sich daher jetzt „entspannter" an das Abarbeiten der Schritte oder das Ausfüllen seines Spielraums und Kompetenzbereichs machen. Das wirkt für Deutsche befreiend, nicht einengend!

Als Nachteile sind zu erwähnen:

Deutsche sind, nachdem sie eine Planung gemacht haben, darauf fixiert, diesen Plan jetzt auch in die Tat umzusetzen. Tauchen dabei aber Barrieren auf oder passiert Unvorhergesehenes, dann sind sie sehr oft wirklich aus dem Konzept geworfen und irritiert, was sie denn nun tun sollen. Schnelle Reaktionen fallen ihnen alles andere als leicht, Improvisation und Flexibilität sind nicht ihre Sache. Und mancher verliert seine Souveränität und reagiert panisch. – Tschechen beobachten das schmunzelnd und kommentieren es so: „Deutsche sind nicht fähig, selbstständig zu handeln. Sie brauchen immer eine Organisation."

In großen Firmen wird dieses System von Strukturen aller Art, das dem eigenen Wirkbereich übergeordnete Angelegenheiten regelt, zunehmend bürokratisch und kann die Kooperation sogar erschweren, weil sehr viele Vorschriften, Kompetenzbereiche und Formalitäten zu berücksichtigen sowie Dokumentationen und Nachweise aller Art zu erbringen sind. Darüber klagen keineswegs nur Tschechen. Manches erscheint dabei zugunsten der Vereinheitlichung von Abläufen im Gesamtkonzern in einer konkreten Situation schon mal sehr fragwürdig.

Aufgrund der starken Arbeitsteilung und Spezialisierung kann die Transparenz des gesamten Projekts gelegentlich auch fehlen oder verloren gehen. Dann müssen die auftauchenden Probleme trotzdem situativ abgearbeitet werden und das „schöne System" nützt nichts.

Ein weiterer Nachteil dieser Organisationsliebe bis zum Detail liegt darin, dass einmal gesetzte Ziele und Strukturen beibehalten und durchgeführt werden, auch wenn sie nunmehr tatsächlich nicht mehr die optimalen sind, weil sich die Umweltbedingungen geändert haben. Man verlässt gewohnte Bahnen und Verfahren nur schwer. Man ist zu sehr auf die Einhaltung der Planung, der Beschlüsse, der (vermeintlichen) Fehler vermeidenden Vorgehensweisen fixiert, so dass man das Ganze aus dem Blick verloren hat. Das System erstarrt und unterbindet die eigentlich notwendige Flexibilität.

Der Hang zur Systematik und der daraus zweifellos oft resultierende Erfolg verleitet Deutsche u. U. ganz besonders dazu, von sich als Experten sehr überzeugt zu sein und das Gespür dafür zu verlieren, wann im Empfinden der Tschechen die Grenze zur Arroganz überschritten ist.

### *2.2.3. Die Dynamik des Kulturstandardpaars „Abwertung von Strukturen" – „Aufwertung von Strukturen"*

Um Strukturen abwerten zu können, müssen sie zunächst einmal gegeben sein. Genau das ist das tschechische Dilemma: Tschechen wollen sehr wohl Strukturen als Rahmen für ihr Handeln, als Verdeutlichung der Erwartungen, als Leitfaden, als Information. Aber sie wollen Strukturen nicht als bindende Verpflichtung, sondern als Spielwiese für die nun einsetzende Improvisation. „Ja, so ungefähr also..." kennzeichnet ihre Einstellung. Durch die Improvisation will man mit der Struktur jonglieren und eine Chance haben, seine Persönlichkeit einzubringen. Insofern ist der gegenteilige Kulturstandard „Aufwertung von Strukturen" zunächst ebenfalls wirksam, aber der Pol „Abwertung von Strukturen" ist im dann folgenden Handeln der dominantere.

Zudem ist dieser Kulturstandard vor allem in unklaren oder unsicheren Situationen, bei der Aussicht auf Möglichkeiten der Veränderung oder in konflikthaft erlebten Konstellationen wirksam. Er bedeutet kein Ändern um des Ändern willens! Im Gegenteil: Tschechen sind (wie Deutsche) tendenziell konservative Leute und es gibt viele Situationen, in denen Strukturen eingehalten werden (zu den Voraussetzungen für dieses Phänomen vgl. 2.4.: personorientiertes Pflicht- und Verantwortungsbewusstsein). Auf der formellen Ebene kann beispielsweise im Zusammenhang mit Bürokratien ein Rigorismus in der Einhaltung von Normen erlebt werden, der „preußischer" nicht sein könnte. Oder im Kontakt mit Hierarchen sind (auf der formellen

Ebene) hierarchische Rangfolgen genau zu berücksichtigen. (Das verursacht beispielsweise viele Schwierigkeiten dann, wenn deutsche, rangniedrige Experten meinen, einen tschechischen Chef beraten zu können.)

Auf der deutschen Seite ist zu sagen, dass die Struktur keineswegs nur dazu dient, Arbeit effektiv zu organisieren, sondern ebenso Freiräume zu schaffen oder Privilegien zu sichern. Wenn Pause ist, ist Pause, wenn Feierabend ist, ist Feierabend, wenn Urlaubszeit ist, ist nur schwer etwas zu erreichen. Es können sich auch Schlendrian, Faulheit und Bequemlichkeit eingeschlichen haben und dann „bewährtermaßen" erhalten bleiben unter Hinweis auf Regeln oder Zuständigkeiten. Die, die daran rütteln wollen, verteufeln die Struktur, die, die gerade davon profitieren, verteidigen sie. Beide werten sie im Grunde ab als sachlich nicht zieldienlich.

### *2.2.4. Beispiele*

Das folgende Beispiel illustriert einen Nachteil der tschechischen Improvisation, das zweite Beispiel ihre Vorteile.

Ein deutscher Zulieferer von Bauteilen für die Automobilindustrie verlagert einen großen Teil seiner Produktion nach Tschechien. Das bedeutet, dass er sich damit auch teilweise neue Zulieferer für die Elemente suchen muss, die er selbst von anderen bezieht. Er macht eine Ausschreibung. Unter den Angeboten ist eines dabei, das ihm besonders imponiert, denn es berechnet pro Stück nur € 0,80. Alle anderen Anbieter sind teurer. Dem Zuständigen imponiert nicht nur der Preis, sondern er hat auch sonst von der Firma einen guten Eindruck. Bevor er dem tschechischen Geschäftsführer dieser Firma den Zuschlag gibt, lässt er sich nochmals bestätigen, dass der Stückpreis auch tatsächlich gehalten werden kann. Ja, lautet die Antwort. Er gibt diese Kalkulation in seiner deutschen Zentrale ab und auch dort ist man zufrieden.

Nun kommt der Zeitpunkt, an dem die genaueren Planungen gemacht werden müssen, damit die Produktion beginnen kann. Der deutsche Zuständige sitzt mit dem tschechischen Geschäftsführer zusammen zu Detailbesprechungen. Und er bemerkt, dass der tschechische Geschäftsführer heute nervös ist und dass sich diese Nervosität zunehmend steigert. Er ist zwar nett und freundlich und fachkompetent, aber er wird immer unruhiger. Und dann sagt er dem Deutschen schließlich, dass er leider den Preis von € 0,80 nicht halten kann, sondern dass der tatsächliche Preis € 0,93 wäre. Der Deutsche ist außer sich: Bitte ?! Er habe sich das doch nochmals bestätigen lassen! Er habe das seiner Zentrale gemeldet! Er könne keinen anderen Preis akzeptieren! Und überhaupt, wegen dieses Preises habe er, der Tscheche, doch die anderen Mitbewerber ausgestochen! Dem Tschechen ist das alles sichtlich unangenehm...

Schnelle Zusagen von Tschechen, beruhen oft auf folgenden Faktoren: (a) Sie haben das, was sie zusagten, z. B. den Preis, nicht gründlich durchdacht bzw. kalkuliert, sondern – improvisierend – nur mal grob geschätzt. Damit können sie nun richtig liegen oder auch nicht. (b) Oder sie vertrauen bis zuletzt darauf, dass ein Wunder geschieht und sie ihre Zusage doch noch erfüllen können. Dafür tun sie auch alles: sie machen Überstunden, sie bitten Freunde um Hilfe, sie sind einfallsreich... – und sie machen manchmal Unglaubliches wahr:

Ein Tochterunternehmen in Tschechien. Kurz vor Weihnachten. In Deutschland geht ein wichtiger und größerer Auftrag ein: Produkt X soll bis 7.1. in erheblicher Stückzahl gefertigt werden. Das deutsche Management schluckt: So kurzfristig? Bis 7.1.? Der Kunde besteht darauf. Dann müsse man mal mit den tschechischen Kollegen reden, ob die den Auftrag übernehmen könnten. Das tschechische Management sagt nach einigem Hin und Her bezüglich einiger Details, bei denen die Deutschen sie unterstützen sollten, ja. Ja, dann könne man es schaffen. Die Deutschen sind erleichtert und sagen dem Kunden zu.

Der deutsche Hauptverantwortliche, Herr L., macht sich nun an die Planung: Er organisiert Daten, Material, usw., eben die Details, die die tschechischen Kollegen brauchen. Und er macht einen Projektplan ... Er ist kompliziert, weil bei allem der Weihnachtsurlaub diverser Beteiligter in Deutschland einkalkuliert werden muss. Herr L. bittet mehrfach die tschechischen Kollegen um Unterstützung, damit er auch ja nichts übersieht, denn er selbst geht am 23.12. ebenfalls bis 7.1. in Urlaub, seinen Flug hat er schon vor drei Monaten gebucht. Alle arbeiten und es läuft wie am Schnürchen. Am 21.12. steht ein perfekter, detaillierter, mit deutschen und tschechischen Kollegen sowie dem Kunden abgestimmter Plan. Erleichtert kontrolliert Herr L. nochmals alles – und ab in den Urlaub.

Auch die Tschechen genießen die Weihnachtsfeiertage. Und dann geht's los. Der tschechische Werksleiter hatte etliche Mitarbeiter gebeten, zwischen Weihnachten und Neujahr in die Arbeit zu kommen. Er hatte ihnen die Wichtigkeit dieses Auftrags erklärt. Und auch er selbst und der Produktionsleiter sind anwesend von früh bis spät. Man kommt gut voran, alles ist wirklich gut vororganisiert. Doch ausgerechnet an Silvester taucht ein Problem auf: die Anlieferung jetzt dringend benötigter Teile klappt nicht. Die Tschechen telefonieren: niemand ist erreichbar – nicht in der deutschen Mutterfirma, nicht bei dem Zulieferer, nur in der Spedition, die aber das Problem lediglich bestätigen kann. Etliche Tschechen bleiben am Silvesterabend lange in der Firma und versuchen, selbst eine Lösung zu finden. Vergebens. Vielleicht am 2.1. ...

Jetzt ist ein einziger Kollege in der deutschen Mutterfirma erreichbar, der aber leider nicht für dieses Projekt zuständig ist. Nein, die Handynummer von Herrn L. habe er nicht, denn der wolle im Urlaub nicht gestört werden. Ja, er versuche zu helfen. Faktisch kann er es jedoch nicht, weil er von diesem Projekt wirklich keine Ahnung hat und wegen des Urlaubs all der involvierten Kollegen nicht an die nötigen Infos rankommt – so sagt er zumindest.

Inzwischen mobilisieren die Tschechen, wer immer ihnen einfällt. Sie machen sich daran, Ersatz für das Fehlteil ausfindig zu machen und können tatsächlich mit diesem Ersatz weiterarbeiten. Als dann sogar noch endlich die ersehnte Lieferung eintrifft, hat man jedoch so viel Zeitverlust, dass das fertige Produkt nicht mehr vor dem 7.1. über die Grenze zu bringen ist.

Herr L. bedauert das, als er am 7.1. im Büro eintrifft. Sch...! Aber er kann nichts dafür, sein Plan und seine Vorarbeiten waren perfekt! Der Kunde erhält die Lieferung mit einem Tag Verspätung und „die Sache ist gerade noch mal mit ein paar Schrammen im Image" abgegangen – so der Originalton der deutschen Geschäftsleitung.

Und was ist hier typisch deutsch?

- Deutsche lieben Prozesse, Pläne, Organisation und Strukturen. So organisieren sie die sachlich-inhaltlichen und zeitlichen Aspekte und so definieren sie über klare Zuständigkeiten das Miteinander der beteiligten Personen. Sie glauben daran, dass dies der Schlüssel zum Erfolg ist. Damit erreichen sie auch oft erstklassige Qualität. Doch wehe, es gibt Probleme: dann sind sie nur schwer in der Lage, die Krise improvisierend zu managen.

- Planungen und Strukturen werden Realität, weil sie eingehalten und als verbindlich betrachtet werden. Es herrscht die Überzeugung: ein guter Plan ist bereits die halbe Arbeit. Das ließ den Projektmanager nach gründlicher Kontrolle, dass er nichts übersehen hat, auch mit guten Gewissen seinen Urlaub antreten. Und das ließ die Deutschen voll auf die Tschechen vertrauen.

- Deutsche nehmen eine strikte Trennung der verschiedenen Bereiche ihres Lebens vor. Der (private) Weihnachtsurlaub ist so heilig, dass die Deutschen ihn für diesen (beruflichen) Auftrag nicht geopfert hätten. Denn: Deutsche planen (verbindlich) die Arbeit

UND ihr privates Leben nach dem Motto: Wer gewissenhaft arbeitet, hat sich auch seine Freizeit verdient. Das leben und sagen sie auch ungeniert und (unter Deutschen) unangefochten. Dabei halten viele das eine Leben vom anderen fern, vermeiden Grenzüberschreitungen und empfinden sie als „Störungen“. Das wird uns als „Trennung von Lebens- und Persönlichkeitsbereichen“ später noch genauer begegnen.

- Deutlich sichtbar ist hier auch der „Sachbezug: Die Deutschen sahen nur, in wie weit der Auftrag erfüllt worden war. Sie nahmen nicht wahr, *wie* das die Tschechen bewerkstelligt hatten. Niemand bedankte sich bei den Tschechen für den großen Gefallen, den diese den Deutschen erwiesen hatten – weder beim Werksleiter, noch beim Produktionsleiter, noch bei den Arbeitern, die auf ihren Weihnachtsurlaub verzichtet hatten. Niemand lobte die enorme Leistung, mit großem Improvisationsaufwand immerhin den 8.1. erreicht zu haben. Niemand nahm zur Kenntnis, dass der Auftrag überhaupt nur dank der Tschechen angenommen und damit der Kunde gehalten werden konnte. – Grinsend kommentierte ein beteiligter Tscheche diese Geschichte so: „Deutsche sind entweder arrogant oder sie sind im Urlaub“. Generell und neutral formuliert: Die Sache, das Ziel war der Dreh- und Angelpunkt, die Beziehungsebene dagegen wurde absolut vernachlässigt. Dass das reichen könnte bei beruflicher Zusammenarbeit, ist der häufigste deutsche Irrtum.

- Was hoffentlich NICHT passieren wird, ist, diese tschechische Flexibilität und Leistung für selbstverständlich zu nehmen und zur künftigen Norm zu erheben: was in Deutschland nicht möglich ist, ist es in Tschechien schon. Dann würden sich die Tschechen (mit Recht) ausgenutzt fühlen und dann würde ihre Bereitschaft zu weiteren „Wundern“ verschwinden.

### *2.2.5. Zusammenfassung und Empfehlungen*

| **Abwertung von Strukturen / Improvisationsliebe (CZ)** | **Aufwertung von Strukturen (D)** |
|---|---|
| Prinzip: Skepsis gegenüber Strukturen und Normen<br>stattdessen: Kreativität, Einfallsreichtum, Improvisation i. e. S. und<br>„Reaktanz“ als Grundmotiv, d. h. Gefühl von Unfreiheit, Kontrollverlust | Prinzip: Organisationsliebe: |
| Konsequenzen:<br>• Interpretation der Struktur nach eigenem Gutdünken als Freiheitsstreben im Kleinen<br>• Führung = Zielvorgabe<br>• Schläue / Findigkeit / Spielräume nutzen<br>• Verantwortung auf Hierarchen abwälzen<br>• enorme Wichtigkeit informeller Wege<br>• Qualitätsanspruch: Pragmatismus / Funktionsfähigkeit<br>• größere Fehlertoleranz<br>• Lösungs- statt Problemorientierung<br>• Gelassenheit / „stoische“ Ruhe bei Problemen<br>• *re*agieren statt proaktiv sein | Konsequenzen:<br>• Regeln / Prozesse / Pläne / Zuständigkeiten / Bürokratie<br>• Streben nach Optimum: Struktur / Plan ist *der* Weg dazu<br>• prophylaktisches Planen<br>• Risikominimierung / Fehlervermeidung (z. B. durch Checklisten, Agenda, Vorgaben)<br>• Detailorientierung<br>• Struktur = geronnene Erfahrung<br>• Einhalten von Rollen / Kompetenzen / formellen Dienstwegen<br>• Aktion statt Reaktion!<br>• Langfristigkeit<br>• informiertes (langsames) Entscheiden und Handeln<br>• Maßnahmenorientierung<br>• Panik bei Barrieren |

**Empfehlungen für Deutsche, die mit Tschechen arbeiten:**

1. Gehen Sie auf keinen Fall davon aus, dass die Wünsche oder gar Forderungen, die Sie äußern, einleuchtend sind. Wahrscheinlich sind sie es zunächst einmal nicht.

2. Erläutern Sie genau, weswegen Sie was wie wollen oder brauchen. Erklären Sie Ihre „Struktur"! Nur dann haben Ihre Anliegen eine Chance begriffen und (zumindest teilweise) eingehalten zu werden.

3. Rechnen Sie dann trotzdem damit, dass die Tschechen die Dinge ein bisschen variieren. Das ist für ihr Wohlbefinden sozusagen einfach nötig.

4. Versuchen Sie immer wieder, bewusst Raum für Improvisation zu lassen und dann darauf explizit hinzuweisen. (Vielleicht gelingt das dadurch, dass Sie das Ziel vorgeben und den Tschechen große Teile des Weges überlassen. Jetzt kann die Kreativität zum Vorschein kommen.)

5. Wenn Sie klar und deutlich priorisieren, wann Ihre Struktur abgeändert werden kann und wann nicht, dann ist die Einhaltung einer notwendigen Norm den Tschechen viel leichter möglich, weil Sie ihnen damit nicht nur als „stur" erscheinen.

**Empfehlungen für Tschechen, die mit Deutschen arbeiten:**

1. Wittern Sie hinter Normen Deutscher nicht gleich Gängelei. Normen und das Pochen auf ihre Einhaltung sind nicht gegen Sie gerichtet. Sie sind schlicht die Art und Weise, wie Deutsche zu einem Großteil Professionalität definieren.

2. Wenn Sie den Sinn einer Sache nicht einsehen, fragen Sie nach. Deutsche erklären gerne die Beweggründe für ihr Tun (auf ihren Kommunikationsstil kommen wir noch eigens unter 2.6. zu sprechen). Vielleicht wird Ihnen dann das Ansinnen – als das die Forderung erscheint – nachvollziehbarer. Die Dinge könnten sich als Teil einer überlegten, größeren Strategie erweisen und dann durchaus sinnvoll sein.

3. Es ist wirklich so: Für die Produktion macht der Kunde dem Lieferanten genaue Vorschriften. Diesbezüglich kann der Lieferant nicht improvisieren, es steht sonst die gesamte Auftragserteilung auf dem Spiel. Die Eckdaten des Kunden müssen möglichst zu 100 % stimmen.

4. Wir können Ihnen versichern, dass Ihre Kreativität und Ihre Ideen dann geschätzt werden, wenn Sie sie innerhalb der Strukturen benutzen, d. h. wenn Sie in die Struktur gehen und hier das System sachlich fundiert optimieren. Und das tun Sie dann bitte erst nach Rücksprache mit den Verantwortlichen.

## 2.3. Kulturstandardpaar: Simultanität versus Konsekutivität

**Zentrale Frage**:

Werden Dinge parallel oder hintereinander erledigt?

### 2.3.1. Der tschechische Kulturstandard „Simultanität"

**Zeitmuster „Simultanität"**

Der Umgang mit Zeit unterscheidet sich ebenfalls. Das deutsche Muster ist mit Zeitplanung und Konsekutivität zu beschreiben, das tschechische Muster als Simultanität. Das bedeutet, dass Tschechen mehrere Dinge zur gleichen Zeit tun und sich nicht nur auf eine Sache konzentrieren. Simultanität stellt die zeitliche Dimension der Abwertung von Strukturen und Improvisationsliebe (vgl. 2.2.) dar.

Für Tschechen hat es einen hohen Wert und gilt als erstrebenswert, mehreres gleichzeitig zu erledigen, d. h. verschiedene Tätigkeiten miteinander zu kombinieren, an mehreren Projekten parallel zu arbeiten und – im Umkehrschluss – mit einer Handlung gleich mehrere Handlungsstränge zu bedienen („mehrere Fliegen mit einer Klappe zu schlagen"). Man verfolgt gerne eine Art Zielkorridor, nicht bloß ein einzelnes Ziel.

„Gleichzeitigkeit" bedeutet dabei nicht unbedingt, im selben Moment mehr als eine Handlung auszuführen, sondern heißt in der Regel, zwischen den Handlungssträngen und Handlungsebenen der gleichzeitig verfolgten Handlungen schnell und leicht je nach (subjektiver) aktueller Priorität zu wechseln. Dieses „kleine, aber beherrschbare Chaos", wie es Tschechen formulieren, macht ihnen Spaß, weil es ihre Improvisationsfähigkeit herausfordert.

Diese Haltung geht natürlich auf Kosten von Planung! Aber an den Sinn zeitlicher Planungen glauben Tschechen sowieso nur bedingt, da sie ja damit rechnen, dass sich die Bedingungen stets ändern, und derjenige der Dumme ist, der sich auf eine Planung verlassen hat. Das hat handfeste historische Hintergründe: Das Regime wechselte in Tschechien im vergangenen Jahrhundert tatsächlich alle paar Jahre: bis 1918 galt die Habsburger Monarchie, dann war man bis zum Münchener Abkommen 1938 ein eigenständiger Staat, dann herrschte bis 1945 der Naziterror, ab 1947 regierten die Kommunisten je nach „Epoche" milder (1968!) oder strenger, 1989 kam die Wende zu Marktwirtschaft und (eigenständiger) Demokratie, 2004 der EU-Beitritt. Diese politischen Bedingungen waren weit davon entfernt, lediglich Ideen zu sein, sie beeinflussten das Leben des Normalbürgers nachhaltig bis in seine materielle, mitunter sogar physische Existenz hinein!

Auch die Zielstrebigkeit von Tschechen zur Erreichung des intendierten Ziels eines einzelnen Handlungsstrangs ist nicht sehr ausgeprägt. Entweder haben sie überhaupt schon zu Beginn multiple Ziele vor Augen oder sie bevorzugen mindestens während des Handelns eine Berücksichtigung mehrerer möglicher Wege und unterschiedlicher Problemlösungsideen. Bei Barrieren auf dem Weg zur Zielerreichung reagieren Tschechen relativ ruhig und scheinen sich weniger einen Ergebniszwang aufzuerlegen.

Gelassenheit, ja Lässigkeit ist oft ein weiteres tschechisches Charakteristikum. Tschechen sind nicht leicht aus der Ruhe zu bringen. Sie selbst sagen, ihre Devise sei, die Probleme auf sich zukommen zu lassen und Ruhe zu bewahren („Es wird schon irgendwie...“). Manches Problem wird schlicht ausgesessen, d. h. es wird darauf vertraut, dass es sich von selbst erledigt. Man könne, so sind sie überzeugt, von den meisten Forderungen 50% abziehen, der Rest dürfte dann der Wirklichkeit entsprechen.

In ihrem Handeln verteilen Tschechen ihre Energie oft nicht gleichmäßig, sondern quasi schubweise: sie arbeiten nicht kontinuierlich, sondern mal schnell, mal langsam, dann eine Pause, dann zu schnell, dann wieder zu langsam und so weiter. Den Zeitdruck auf dem Weg zur Zielerreichung empfinden sie nicht gleich verteilt, sondern er wächst für sie gegen Ende der Handlung massiv an. Das bedeutet, dass oft – in der Wahrnehmung Deutscher – „im letzten Moment“ und „auf den letzten Drücker“ vieles geschieht. Tschechen sind in der Lage, auf kurze Zeit sehr effektive Ergebnisse zu erzielen, wenn sie bereit und hoch motiviert sind; sie schalten dann um auf „Turboarbeit“.

Termine alleine lösen das Gefühl von Dringlichkeit eher nicht aus. Zu Terminen haben Tschechen vielfach die Einstellung, dass sie, obgleich vielleicht in der Sache wünschenswerte, in der Realität jedoch relativ unverbindliche Anhaltspunkte darstellen. Verspätungen sind in vielen Fällen normal und bleiben folgenlos, und jemand, der alles rechtzeitig schafft, ist ein bisschen „komisch“. – Dringlichkeit wird von Tschechen entweder personenbezogen (eine relevante Person will oder braucht etwas) oder sachbezogen definiert als endgültige Entscheidung, dass es keine Alternative (keinen „anderer Ausweg“) gibt und ein bestimmtes Vorhaben jetzt zu Ende gebracht werden muss. In beiden Fällen sehen sie ein, dass etwas „wirklich wichtig“ ist, und dann werden sie aktiv.

Simultanität bedeutet auch gestreute Aufmerksamkeit, d. h. die Wahrnehmungsfähigkeit ist bei Tschechen nicht auf eine Sache konzentriert, sondern sie können stets mehrere Dinge im Blick behalten und mehrere Aktivitäten verfolgen. Tschechen haben „ihre Augen und Ohren überall“. Damit sind sie schnell reaktionsfähig und können sich bietende Gelegenheiten wahrnehmen und potentielle Chancen nutzen.

### *Vor- und Nachteile*

Die Vorteile der tschechischen Simulanität liegen zweifellos in ihrer Flexibilität: Wichtigen Dingen wird Priorität eingeräumt – die Definition von „wichtig“ ist von Personen und aktuellen Situationen abhängig und deshalb Veränderungen unterworfen. Vieles Geplante kann trotz Auftauchen von Schwierigkeiten doch noch oder zumindest teilweise geschafft und erreicht werden; manches Unerwartete kann zusätzlich bearbeitet und bewältigt werden – in beiden Fällen, weil man zeitlich eben entsprechend flexibel ist.

Die Nachteile liegen in einer deutlich geringeren Einschätzbarkeit des zeitlichen Rahmens für sämtliche Handlungen, Abläufe, Aktivitäten. Verzögerungen sind normal. Das wird schon mal zeitliche Unzuverlässigkeit genannt – auch von Tschechen.

### *2.3.2. Der deutsche Kulturstandard „Konsekutivität"*

#### *Zeitmuster „Konsekutivität"*

Zeit ist für Deutsche ein wichtiges Thema. Deutsche scheinen Tschechen von Terminen und Zeitplänen getrieben und auf Termineinhaltung geradezu versessen. Wie kommt das zustande?

Deutsche haben die Vorstellung, dass es optimal wäre, das Leben auf eine Art organisieren zu können, in der man sich (1) über eine anstehende Handlung Gedanken machen und sie planen kann, (2) diese Planung dann ohne Unterbrechungen und Störungen abarbeiten kann, um (3) schließlich sein Ziel zu erreichen. Weil das aber nicht geht, sondern alle Menschen gezwungen sind, viele Dinge parallel zu machen, bemühen sich Deutsche, ihrem Ideal doch zumindest nahe zu kommen: Sie packen die Dinge in klare Zeitfenster und Zeiteinheiten, ordnen sie dann nacheinander an und erledigen sie – soweit wie möglich – in dieser Reihenfolge.

Dieser Umgang mit der Zeit hat folgende Konsequenzen:

1. Deutsche machen sich für jedes ihrer Vorhaben (z. B: für das Projekt 1, das Projekt 2 usw.) einen (groben) Zeitplan, an den sie sich nun auch weitgehend halten.

2. Zur Koordination der diversen Zeitpläne für die parallelen Vorhaben (Projekt 1, Projekt 2) macht sich jede Person feinere Ablaufpläne, wann sie am besten was erledigt und setzt die Zeitfenster, die für die einzelnen Vorhaben vorgesehen sind, in eine sinnvolle, konsekutive Reihenfolge. (Zeitfenster 1 für Schritt 1 des Projekts 1; dann Zeitfenster 2 für Schritt 3 des Projekts 5; dann Zeitfenster 3 für Schritt 1 des Projekts 2; usw.)

3. Weil nun alle so denken und handeln, ist es bei gemeinsamen Vorhaben essentiell, dass sich die Individuen zeitlich koordinieren. Sie vereinbaren Termine. Diese Termine sind der Kitt für gemeinsame Aktivitäten, weil sie die individuellen Ablaufpläne und Zeitpläne verzahnen.

4. Termine sind verbindlich, denn sonst gerät das System aus den Fugen.

#### *Zeitmanagement*

Zeitmanagement gilt damit als Voraussetzung für effektives Handeln überhaupt, aber ganz sicher als wesentlicher Bestandteil von Professionalität. Man muss in der Lage sein, sich zeitliche Strukturen zu geben, realistische Einschätzungen für die einzelnen Zeitfenster vorzunehmen und sich dann eiserner zeitlicher Disziplin zu unterwerfen.

Time-Management wird gelehrt und gilt als Schlüsselkriterium für Karriere. Controller überprüfen diese Fähigkeit daher auch. Deutsche machen ständig Ist-Soll-Vergleiche und erwarten Rechfertigungen und Begründungen für Abweichungen.

Deutsche haben ein Ziel und verfolgen dieses Ziel, indem sie ihr Handeln nun klar und „eindimensional" auf die Zielerreichung hin organisieren. Umwege zur Zielerreichung, z. B. Verzögerungen, Vermittler, Nebenpfade, lieben sie nicht.

Deutsche zeigen eine über die Zeit relativ gleich bleibende Motivation bei der Abarbeitung eines Vorhabens. Sie fühlen sich beruhigt, wenn sie einen vernünftigen, realistischen Zeitplan haben. Sie bevorzugen ein gleich bleibendes Arbeitstempo, das ein Durchhalten erlaubt und Fehler vermeiden hilft.

Man bevorzugt es, pro Zeiteinheit konzentriert an einer Sache zu arbeiten und vermeidet Störungen und Unterbrechungen. Dabei sollten die Dinge nicht unvollendet bleiben, sondern Schritt für Schritt erledigt werden, bevor man sich der nächsten Sache zuwendet.

In der Koordination zwischen den Individuen wird auf Pünktlichkeit und Termintreue großer Wert gelegt. Sie sind ein fast nicht zu überschätzender Faktor zur Vertrauensbildung.

Zeit hat einen ziemlich hohen Symbolwert, denn sie zeigt die Wichtigkeit an:

- Wichtigen Dingen und wichtigen Personen wird Zeit gewidmet. Im beruflichen Leben trifft man sich nicht einfach grundlos (d. h. ohne sachliche Notwendigkeit) mit jemandem, sondern zur Zielerreichung oder als besondere Wertschätzung (auf der Beziehungsebene). Im Privatleben „schenken" Vielbeschäftigte ihre rare Zeit nur Menschen, die ihnen wirklich etwas bedeuten.

- Unpünktlichkeit wird als Geringschätzung der Sache und der Person gewertet, denn durch die Wartezeit verursacht man ihr Schwierigkeiten innerhalb ihres Zeitbudgets.

- Unterbrechungen und Störungen signalisieren ebenfalls eine Geringschätzung der Person, denn man „stiehlt" ihr Zeit.

- Zeit wird sehr zielorientiert verwendet. Gespräche zum Aufwärmen und Smalltalk können daher bereits als Zeitverschwendung erlebt werden.

- Es gilt: „Erst die Arbeit, dann das Vergnügen." Im Sinn der Trennung der Lebensbereiche (vgl. 2.5.) sind diese beiden Elemente hintereinander geschaltet: Zuerst wird gearbeitet, dann wird Smalltalk betrieben. Zuerst erweist sich jemand als zuverlässiger Kollege, dann freundet man sich mit ihm an. Zuerst wird auf das Ziel hingearbeitet und dann wird gefeiert.

- Konsekutivität ist im beruflichen Leben allgegenwärtig:

- Tagesordnungen sorgen in Besprechungen für eine gute Zeitnutzung. Die Agenda strukturiert.

- Beim Auftauchen von Problemen wird „methodisch" vorgegangen, d. h. in einer für Deutsche „logischen" Reihenfolge: Zunächst werden die Ursachen diskutiert, nach wird nach

Lösungen gesucht und nun werden die Lösungsschritte an die zuständigen Personen / Abteilungen delegiert.

- Auch Präsentationen werden nicht nur „systematisch" aufbereitet, sondern gegliedert in aufeinander aufbauende, nachvollziehbare Schritte.
- Pläne sind sehr langfristig, wenn sie sich auf eine Unternehmensstrategie beziehen. Der kurzfristige Gewinn wird dabei u. U. geopfert zugunsten der Gesamtstrategie, von der man sich dann Erfolg verspricht.

***Vor- und Nachteile***

Die Fixierung der Deutschen auf den geplanten Umgang mit der Zeit, schränkt natürlich – das ist ein großer Nachteil – ihr Sozialleben ein, denn Deutsche leiden chronisch unter Zeitnot und fühlen sich fast ständig unter Stress. „Ich habe keine Zeit..." ist eine oft gebrauchte und von allen, denen es ähnlich geht, akzeptierte Entschuldigung.

Deutsche können richtig in Panik geraten, wenn sie sich aus ihrem Zeitplan geworfen fühlen. Denn aufgrund der terminlichen Verzahnung des einen Plans mit anderen Plänen sowie den Plänen anderer Personen, können sie nicht flexibel reagieren, ohne gleichzeitig anderen zeitlichen Vereinbarungen gegenüber wortbrüchig und damit unzuverlässig zu sein.

Für Deutsche ist die Planung der Freizeit ebenso verbindlich wie die der Arbeitszeit. Somit sind es die Deutschen, die Projekte in die Länge ziehen, weil sie wegen Urlaub beispielsweise nicht erreichbar sind oder weil sie die Wochenenden nicht einfach opfern usw.. So nährt sich das Bild, dass viele Deutsche faul sind.

Der Vorteil ist darin zu sehen, dass die Qualität des Handlungsprozesses ziemlich hoch ist, weil die Linearität gewährleistet, dass keine wesentlichen Elemente „in der Hitze des Gefechts" übersehen werden.

### *2.3.3. Die Dynamik des Kulturstandardpaars „Simultanität – Konsekutivität"*

So wie sich Tschechen gelegentlich nicht zeitlich flexibel zeigen, sondern eine gewisse konsekutive Sturheit an den Tag legen können und dann die Deutschen überraschen, so verblüffen Deutsche Tschechen dann, wenn sie ihre Pläne angesichts ihnen absolut vordringlich erscheinender Prioritäten spontan umwerfen und gegen die sonst so hoch geschätzte Termintreue hinsichtlich anderer Aktivitäten verstoßen. Das ist z. B. bei Schwierigkeiten in der Produktion der Fall: Deutsche lassen dann sämtliche andere Vorhaben zugunsten der Behebung dieser Schwierigkeiten fallen und ignorieren alle anderen Verpflichtungen.

### *2.3.4. Beispiele*

Lauschen wir einem Gespräch zwischen der tschechischen Schülerin Milena und ihrem Vater:

Eine tschechische Schülerin, Milena, wird mit ihrer Klasse im Mai nächsten Jahres zu einem Schüleraustausch nach Deutschland fahren. Jetzt ist November. Die tschechische Klassenlehrerin bespricht im Deutschunterricht, dass ein Brief aus Deutschland gekommen sei wegen der Klassenfahrt im Mai. Die tschechischen Schüler sind neugierig, denn sie freuen sich auf die Fahrt. Was schreiben die tschechischen Schüler sind neugierig, denn sie freuen sich auf die Fahrt. Was schreiben die Deutschen? Ja, meint die Lehrerin, sie schickten uns das Programm und wollen wissen, ob wir damit einverstanden sind. Alle hören – und staunen...

Zuhause berichtet Milena ihrem Vater, der in einer deutschen Firma arbeitet: „Stell dir vor, die Deutschen haben uns heute das Programm für Mai geschickt! Unglaublich! Zum Beispiel schrieben sie, dass wir am Mittwochnachmittag um 15 Uhr in einer bestimmten Konditorei Eis essen gehen." Der Vater meint ganz ruhig: „Klar, das ist deutsche Planung. Was wundert dich daran?" „Die wollten uns einen Brief schreiben und haben uns ein Programm geschickt! Sie haben sich nicht vorgestellt, sie schickten uns keine Fotos oder E-Mailadressen, dass wir schon mal Briefe schreiben könnten – sondern ein Programm!" „Naja" meint der Vater, „das ist deutsche Gastfreundschaft. Es geht darum, dass alles klappt. Deutsche tauen erst auf, wenn ihr euch einmal gut kennt und auch mögt, sonst nicht."

Tja... Was Milena nicht weiß, ist, dass die Planungen rechtzeitig erfolgen müssen, damit die Zuschüsse und Genehmigungen in entsprechender Höhe und termingemäß beantragt werden können. Was ihr der Vater aber erklären kann, ist, dass sie sich darauf verlassen kann, dass alles so laufen wird, wie sie es heute dem Programm entnommen hat. Deutsche, so versichert er seiner Tochter, planen gut und übersehen dabei nichts. Dass auch er, der Vater, oft unter dieser Unflexibilität leidet, fügt er dann tröstend hinzu.

Gegen die Planung hat Milena nichts einzuwenden. „Aber doch nicht 6 Monate im Voraus! Weiß ich, ob ich an jenem Mittwoch im Mai Lust auf Eis habe?!" „Dann wirst Du einen Kuchen essen, aber Du wirst in der Konditorei sein" prophezeit der Vater. „Aber wenn die Konditorei bis Mai pleite ist und nicht mehr existiert?" „Das ist in Deutschland seltener der Fall und wenn, dann haben die Deutschen eine Ersatzkonditorei vorgesehen. Und die kennen sie auch schon jetzt." „Wenn wir aber überhaupt etwas anderes tun wollen als in die Konditorei gehen. Vielleicht haben wir eine völlig andere Idee", hebt Milena nochmals an. „Das geht nicht. Die Deutschen haben euch gefragt, ob ihr mit dem Programm einverstanden seid. Wenn ihr etwas anderes tun wollt, als vorgeschlagen, dann müsst ihr das JETZT sagen. Dann ändern die Deutschen auch ihr Programm. Ansonsten wird das exakt so durchgezogen. Deutsche sind zuverlässig"

Im umgekehrten Fall kann es für Deutsche nervenaufreibend sein, dass Tschechen oft „schubweise" arbeiten oder anders formuliert: auf den letzten Drücker. Wenn der Liefertermin naht, wenn der Deutsche zu Besuch ist, wenn etwas wirklich „dringlich" gemacht wurde.

### *2.3.5. Zusammenfassung und Empfehlungen*

| **Simultanität**<br>**(CZ)** | **Konsekutivität**<br>**(D)** |
|---|---|
| • Gleichzeitigkeit vieler Aktionen<br>• keine ausgeprägte Zielstrebigkeit<br>• Prioritäten wechselhaft (*wer* will etwas? externaler Druck)<br>• lockerer Umgang mit Terminen (Anhaltspunkte; lieber keine Festlegungen; gröbere Zeitpläne)<br>• Unterbrechungen und Verzögerungen sind normal<br>• „schubweise" arbeiten<br>• Ziel*korridor*<br>• Nachhaken ist nötig | • eines nach dem anderen<br>• Zielorientierung ohne Umwege, Vermeidung von Störungen<br>• Termine als Kitt zwischen Personen und Projekten haben Verbindlichkeit<br>• Zeitmanagement (bis zu Tagesordnungen)<br>• relativ gleich bleibende Motivation<br>• Symbolwert der Zeit<br>• langfristige Pläne |

**Empfehlungen für Deutsche, die mit Tschechen arbeiten**

1. Erwarten Sie von Tschechen keine sklavische Pünktlichkeit.

2. Bauen Sie sicherheitshalber von vornherein Zeitpuffer ein, die Sie aber für sich behalten!

3. Wenn Sie etwas unbedingt benötigen, melden Sie sich nochmals bei Ihrem tschechischen Partner und bekräftigen Sie dabei die Wichtigkeit Ihres Anliegens.

4. Führung heißt bei einem simultanen Umgang mit der Zeit: Das Zeitmanagement lastet viel mehr als in Deutschland auf der Führungskraft. Tschechen ist Zeit einfach nicht so wichtig und sie sind daher oft tatsächlich weniger in der Lage, realistische Zeiteinschätzungen abzugeben. Das Setzen zeitlicher (und inhaltlicher) Prioritäten gehört in tschechischen Augen ganz klar zu Ihrer Führungsrolle. Merken Sie sich dann, wann Sie bei wem weswegen nachhaken müssen. Und nutzen Sie auch diese Kontakte zur Beziehungspflege (vgl. 2.1.: Personbezug).

5. Machen Sie bitte die Ergebnisse einer „Turboarbeit" nicht zur Norm! Das war auch für die Tschechen eine Ausnahmesituation, in der sie alles daran setzten, das Ziel doch noch zu erreichen. Diese Leistung ist nicht auf Dauer durchzuhalten.

**Empfehlungen für Tschechen, die mit Deutschen arbeiten**

1. Halten Sie sich bitte an Termine, die Sie mit Deutschen vereinbaren! Termine auf die lockere Schulter zu nehmen, ist ein „Kapitalverbrechen", das mit Sicherheit einen großen Konflikt heraufbeschwört.

2. Seien Sie dabei in der Terminsetzung u. U. großzügig, so dass Sie für sich Spielraum haben. Aber nehmen Sie den Termin, den Sie schließlich den Deutschen nennen, absolut ernst.

3. Vereinbaren Sie lieber einen Termin, wenn Sie mit Deutschen ein Anliegen besprechen möchten. Die Gefahr, dass Sie entweder als Störenfried empfunden werden oder dass Sie „mangels Zeit" zurückgewiesen oder kurz abgefertigt und damit enttäuscht werden, wenn Sie sie spontan ansprechen, ist groß. – Als „Terminabsprache" kann bereits genügen: „Ich möchte mit Ihnen XXX besprechen. Geht das jetzt oder besser zu einem anderen Zeitpunkt?"

4. Richten Sie sich darauf ein, dass Ihnen die ungeteilte Aufmerksamkeit eines Deutschen gehört, wenn Sie endlich mit ihm einen „Termin" haben. Jetzt hat er für Sie Zeit. Und jetzt wäre es beleidigend und unhöflich, wenn er sich parallel etwas anderem widmen würde. Nun sind Sie der Mittelpunkt seines momentanen Lebens. – Das gilt beruflich wie privat.

5. Machen Sie nicht mehrere Dinge gleichzeitig, wenn Sie mit einem deutschen Kollegen zusammen sind. Widmen Sie sich ihm ganz.

6. Rechnen Sie damit, dass Deutsche Zeitplanungen haben, die unter Umständen sehr langfristig sein können. So ist beispielsweise ihr Gewinnstreben oft nicht kurzfristig orientiert, sondern sie tätigten langfristige Investitionen, die sich erst nach dem Überwinden von einkalkulierten Anfangsschwierigkeiten auszahlen werden. Der Hintergrund vieler Vorhaben ist manchmal nur in größeren Zeitdimensionen verständlich.

## 2.4. Kulturstandardpaar: personorientiertes versus regelorientiertes Pflicht- und Verantwortungsbewusstsein

| **Zentrale Frage**: |
|---|
| Wo ist ethische Verantwortung verankert? |
| ⇨ An Regeln, die relativ unabhängig von Person, Beziehung und Situation sind? |
| ⇨ An Personen und Beziehungen, die die Regeln je nach Situation mehr oder weniger in Kraft oder außer Kraft setzen? |

### 2.4.1. Der tschechische Kulturstandard „personorientiertes Pflicht- und Verantwortungsbewusstsein"

Die Begriffe „regelorientiertes" und „personorientiertes Pflicht- und Verantwortungsbewusstsein" beschreiben, dass Deutsche eher dazu neigen, allgemein gültige Regeln und Gesetze zu befolgen, während Tschechen dazu tendieren, zugunsten persönlicher Interessen oder Beziehungen auch dagegen zu verstoßen. Während das deutsche Verhalten sehr stark an Regelungen aller Art orientiert ist und davon ausgeht, dass Normen und Vereinbarungen eingehalten werden müssen, legen Tschechen mehr Wert auf menschliche Beziehungen und auf subjektives Wohlbefinden. Bei ihnen verpflichtet Freundschaft und hat daher Priorität vor abstrakten Regeln.

Aus deutscher Sicht stellte sich diese Dimension als die Frage dar – zugegebenermaßen deutsch formuliert: Wo ist das Pflicht- und Verantwortungsgefühl einer Person verankert? Wann kann ich davon ausgehen, dass Vereinbarungen eingehalten werden?

Tschechen tendieren einerseits dazu, die in einem bestimmten Kontext vorherrschenden generellen Regeln, Normen und Vereinbarungen weniger zu beachten, wenn ihnen das aus Gründen des persönlichen Interesses oder des Interesses anderer opportun erscheint. Andererseits legen sie mehr Wert auf subjektives Wohlbefinden und auf menschliche Beziehungen. Ihr Pflicht- und Verantwortungsgefühl kann daher in der Zusammenschau dieser Aspekte als „personorientierte Kontrolle" definiert werden. Das heißt:

1. *Interne* Kontrolle, Selbststeuerung hinsichtlich bestehender, äußerer, abstrakter Strukturen findet man ...

   a) ... bei Personen und in Situationen dann, wenn die Sache dem handelnden Individuum ein *persönliches Anliegen* zur Verfolgung eigener Interessen ist;

   b) ... wenn sich ein Individuum einer für sie relevanten Person (innerhalb der Struktur) auf einer solch guten und tragfähigen *Beziehungs*ebene verbunden fühlt, dass es diese Person nicht enttäuschen möchte;

c) ... wenn eine hohe *Identifikation mit der Sache* herrscht und man von ihr überzeugt ist.

In all diesen Fällen sind also persönliche Motive ausschlaggebend, nicht die Sache! Die Personorientierung gibt den Ton an!

2. *Externale* Kontrolle, also das Einhalten von Normen unter dem Zwang äußerer Kontrollinstanzen, dominiert die Sachebene und die sie repräsentierende Struktur in den sonstigen Fällen:

Ein „Pflichtbewusstsein" gegenüber objektiven Regeln, Vereinbarungen, Normen usw., wie es Deutsche weithin charakterisiert, ist wenig ausgeprägt. Wenn bzw. solange keine oder nur eine zu geringe persönliche Motivation herzustellen ist, muss die Sachebene external kontrolliert werden! Es gilt: Regeln werden nur respektiert, wenn es vorteilhaft oder unumgänglich ist.

### *Persönliches Interesse*

Voll motiviert und zum Teil sogar über ihre Pflichten hinaus arbeiten Tschechen...

- bei persönlichem Interesse, wenn das Handeln der Erreichung eigener, hoch bewerteter Ziele dient,
- wenn sie sich persönlich davon einen Profit versprechen, also z. B. wegen einer materiellen oder immateriellen (zusätzlichen) Belohnung,
- wenn sie damit neue und ungewöhnliche Herausforderungen bewältigen und damit ihr Selbstbewusstsein stärken können.

Tschechen sind dagegen oft wenig motiviert, sich um Sachen zu kümmern, die sie oder ihre Arbeit nicht direkt betreffen, für die sie keine Belohnung erhalten oder die keine Sanktionen befürchten lassen.

Weil Tschechen sich auch selbst als Person nicht verleugnen oder spalten wollen (vgl. 2.5.: Diffusion), nehmen sie ihre während der Arbeit auftretenden Gefühle ernst. Sie huldigen viel stärker als Deutsche dem Lustprinzip und scheinen von einer Motivation zum *Wohlbefinden* oder auch, wie sie selbst oft sagen, zur Bequemlichkeit bestimmt. Insofern wirken folgende Bedingungen die Qualität von Arbeitsergebnissen mindernd:

- Man möchte nur das bearbeiten und sich nur mit solchen Problemen befassen, die angenehm zu lösen sind.
- Bei der Bearbeitung von Aufgaben sucht man gerne nach bequemen Wegen zum Ziel. Man will möglichst gute Resultate mit möglichst kleinem Arbeitsaufwand haben. Selbst wenn etwas ausführlich erklärt wird, warum etwas wie sein soll und das durchaus auch einleuchtend erscheint, gibt es noch immer starke Tendenzen, nach eigenem Gutdünken dem auszuweichen, was man für überflüssig hält, oder manches zu vereinfachen, um sich das Leben zu erleichtern. – Dass dadurch Schaden verursacht wird, wird nur ungern anerkannt.
- Das Streben nach der besten Lösung ist (bei hohem Aufwand) gebremster.

Bei allen Handlungen und in allen Zusammenhängen hält man selbstverständlich Augen und Ohren offen, positiv bewertete *Chancen*, die sich einem auftun, wahrzunehmen und sich bietende Gelegenheiten zu nutzen. Das mag durchaus heißen, Chancen zum Lernen zu nutzen, wenn man sich von diesem Know-how etwas verspricht. Ansonsten bedeutet es: Das Machbare wird ausgenutzt. Jeder hat für sich das Ziel, seinen Vorteil zu mehren und schlau zu sein. Dabei denkt man u. U. nicht mit, was das Ausreizen des Spielraums für den anderen bedeutet, sondern geht bis an die Grenzen. Man hat nicht das Gefühl, unfair zu sein oder zu betrügen, sondern denkt eben an seinen eigenen Vorteil. (Man geht ja davon aus, dass das der Partner auch tut.)

### *Gute Beziehungsebene*

Tschechen kommen Menschen entgegen, nicht Sachzwängen. Man hat ein „personbezogenes Pflichtbewusstsein". Man macht etwas für einen Chef, für einen Kollegen. Aber man macht nichts, weil „es so sein soll" oder „weil es die Sache erfordert".

Und darüber hinaus differenzieren Tschechen ihr Pflichtgefühl noch je nach empfundener Nähe zu jemandem. Für verschiedene Personen benutzt man unterschiedliche Kriterien: Einer Person gegenüber, die man mag oder gut findet, zeigt man sich sehr zuverlässig, einer anderen gegenüber sehr nachlässig, obwohl beiden gegenüber objektiv die gleiche Verpflichtung (universelle Norm) bestünde.

So tun Tschechen viel einer anderen, ihnen wertvollen Person zuliebe. Das ist im beruflichen Bereich aufgrund der mangelnden Trennung in Person und Rolle selbstverständlich der sympathische Chef oder die sympathische Chefin oder es sind angenehme Kollegen.

Dem sozialen Klima besonders zuträglich sind dabei u. a. folgende Motivationsfaktoren: Dank; kleines Geschenk; Interesse / Aufmerksamkeit oder Zuhören; finanzielle Belohnung / guter Preis / gute Bezahlung (Ernstnehmen des Nachholbedarfs), Anerkennung und Lob durch den Partner, Überraschenkönnen des Partners mit der eigenen Leistung; Bewunderung für die Qualität der geleisteten Arbeit; Ermöglichen einer attraktiv erscheinenden Chance. Am wirksamsten ist natürlich die Kombination mehrerer dieser Motivationsfaktoren, denn sie befriedigen die individuellen Bedürfnisse und festigen die positive Beziehung. Dann ist mit maximalem Einsatz und maximaler Bereitschaft – u. U. bis hin zu Opferbereitschaft – zu rechnen.

Deutlich verpflichtend wirken freundschaftliche Beziehungen: Kameraden, Freunde und Familienmitglieder helfen einander gerne, wenn sie können. Es herrscht ein Geben und Nehmen kleinerer und größerer Gefallen. Und natürlich gilt jetzt: „Für einen Freund nur das Beste." Ein Freund ist mehr als irgendjemand oder auch irgendein Kunde und er bekommt daher die wirklich optimale Lösung angeboten, denn sonst müsste man sich vor sich selbst und vor der Mitwelt schämen. Das Vertrauen ist dabei sehr groß. Wenn ein Freund einem Freund sagt, dass er für ihn etwas macht, dann kümmert sich der, der diese Zusage erhalten hat, u. U. gar nicht mehr um diesen Vorgang. Mit der Zusage empfindet er die Sache bereits als erledigt. Auf einen Freund kann man sich verlassen.

### *Identifikation mit der Sache*

Tschechen zweifeln nur dann ihre Arbeit, ihr Ziel und ihren Weg nicht an, wenn sie davon selbst überzeugt sind. Das ist der Fall, wenn ihnen klar ist, dass etwas wirklich wichtig und richtig ist. Dann tun sie, was sie können. Der motivierendste Faktor ist dabei neben dem Eigeninteresse (vgl. 1a) die eigene Einsicht, dass eine Sache auf eine bestimmte Art hervorragend (zu machen) ist und dass daher bei der Wahl zwischen verschiedenen Wegen, der beschrittene tatsächlich der beste ist. Dieses Gefühl der Wahlfreiheit zwischen verschiedenen Wegen und der selbstbestimmten Entscheidung dafür ist für eine Identifikation mit der Sache unabdingbar. Manchmal sind Tschechen daher schwerer zu motivieren als Deutsche. Denn die Person muss wirklich *überzeugt* (!) sein, eine Sache einzusehen, ist zu wenig.

Tschechen lernen in der Situation eines Know-how-Transfers sehr schnell, sehr gut, sehr umfassend und meistern viele Umstellungen geradezu verblüffend gut. Modelllernen ist dazu eine effektive Methode. Das gilt ganz besonders für den handwerklichen und technischen Bereich. Im Prozess des Lernens kommt es ihnen aber darauf an, die Prinzipien (z. B. einer neuen Technologie) zu verstehen, um dann darauf aufbauend frei und selbstständig agieren zu können. Das ist ein entscheidendes Motiv für ihre Neugier und ihren guten Willen. Die Lernbereitschaft bezieht sich somit mehr auf das prinzipielle Verständnis als auf die Qualität der Sache. Und die Krönung des Erfolgs besteht für Tschechen dann darin, das, was gelernt wurde, nicht nur umzusetzen und anzuwenden, sondern weiterzuentwickeln und zu optimieren und darin besser zu sein als die Deutschen.

In der deutsch-tschechischen Kooperation, die nach wie vor oft in einem Know-how-Transfer besteht, heißt das: Tschechen sind ausgesprochen anpassungs- und lernfähig, wenn sie in den neuen Fertigkeiten einen persönlichen Nutzen sehen (vgl. 1a), wenn sie sich in der Zusammenarbeit mit dem Deutschen wirklich wohl fühlen (vgl. 1b) oder wenn sie von der Sache selbst begeistert sind (vgl. 1c). Dabei ist es aber immer noch für die eigene Motivation und für die Identifikation mit einer Tätigkeit unabdingbar, seine Rolle mitgestalten zu dürfen bzw. einen gewissen Spielraum für eigene Ideen und eigenes Handeln zu haben.

### *Externale Kontrolle in den sonstigen Fällen*

Wenn nun die soeben geschilderten Umstände nicht zutreffen, dann herrscht wirkliche Unzuverlässigkeit, denn Regeln oder Vereinbarungen fühlt man sich nicht verpflichtet. Gleichgültigkeit oder Desinteresse sind dominierend. Man hat kein Interesse, sich um Dinge zu kümmern, von denen man selbst oder seine Arbeit nicht direkt betroffen ist oder die keine Belohnung oder Sanktion mit sich bringen. Es bedarf dann eines großen Aufwands an Instrumenten der externalen Kontrolle – von zeitlichen Follow-ups, über dauerndes inhaltliches Nachhaken bis zur Einschaltung bedrohlich wirkender Hierarchiestufen oder der Anwendung von Sanktionen. Im Unterschied zu Deutschland haben Regeln und Normen keinesfalls schon fast einen moralischen Wert – im Gegenteil. „Aus Fremdem fließt kein Blut" gilt nicht nur für Objekte und Inhalte aller Art, zu denen man keinen Bezug hat. Der Verweis auf Normen zur Begründung von gewünschten Verhaltensweisen genügt nie.

Dieses Muster beschrieben wir ursprünglich auch als „Autoritätskonformismus", d. h. nicht überzeugungsbasierte, scheinbare Anpassung und Unterwerfung gegenüber Autoritäten, und „Handlungsblockade", d. h. Fehlen der Initiative zu verantwortlichem, eigenständigem, problemlösendem Handeln, und charakterisierten es als Relikt aus sozialistischen Tagen [5]. Es ist heute immer noch vorhanden, zu massiv war seine Lerngeschichte nicht nur im Sozialismus, sondern in all den Jahrhunderten der Fremdherrschaft.[6]

### *Holschuld*

Mit der externalen Kontrolle auf der Sachebene hängt es auch zusammen, dass in Tschechien *Holschuld* die Normalität zwischen hierarchischen Rängen und Kooperationspartnern ist:

Es gibt keine Rückmeldungen über Probleme. Man sagt es nicht, wenn man etwas nicht verstanden hat. Man holt sich keine Hilfe in Schwierigkeiten. Man setzt vielleicht Signale, denen derartige Botschaften zu entnehmen wären (vgl. Kulturstandard 2.6.: starker Kontextbezug der Kommunikation), aber es liegt allemal am jeweils anderen, die Initiative zu ergreifen.

Während des improvisierenden Arbeitens ist es oft so, dass man sich nicht mit anderen abspricht oder berät, sondern auf sich selbst verlässt. Man sagt nichts bezüglich der Schwierigkeiten, denen man sich gegenüber sieht: Es wird einem schon etwas einfallen. Und weil das jeder so macht, ist jeder selbst verantwortlich, seine Schwierigkeiten und Probleme zu lösen.

Für eine Führungskraft bedeutet Holschuld, dass sie in der Regel wirklich viel mehr external kontrollieren muss. Es ist ihr Fehler, wenn sie den Mitarbeitern keine klaren Prioritäten setzt oder wenn sie von Störungen nichts weiß, denn sie hat sich bei ihren Mitarbeitern auf dem Laufenden zu halten. Sie hat sich um „die Organisation" zu kümmern, nicht der Mitarbeiter.

Was Deutsche als Zuverlässigkeit bezeichnen, das schwankt also wesentlich stärker und hängt somit in größerem Ausmaß, als man das von Deutschland gewohnt ist, von den beteiligten Personen ab: Wie motiviert jemand als Individuum ist, wie die Qualität der Beziehung zwischen den Partnern ist, wie hoch die Identifikation mit der Sache ist. Dementsprechend kämpft mit dem Phänomen der „Unzuverlässigkeit" der Tschechen ein Teil der Deutschen massiv; ein anderer berichtet von großer Zuverlässigkeit, Verbindlichkeit und Vertragstreue.

---

5 Schroll-Machl, S. & Novy, I. (2000). *Perfekt geplant oder genial improvisiert?* Mering: Hampp.

6 Schroll-Machl, Sylvia (2001). *Businesskontakte zwischen Deutschen und Tschechen. Kulturunterschiede in der Wirtschaftszusammenarbeit.* Sternenfels: Wissenschaft & Praxis.

Außerdem hat „Unzuverlässigkeit" viele Facetten. Die geschilderten möglichen Hintergründe beschreiben nur den Teil, der auf dem Gefühl von Lust oder Verantwortung beruht. Darüber hinaus gibt es eine Fülle anderer Ursachen für die Nichteinhaltung von Absprachen, z. B. Überforderung, Konfliktvermeidung (vgl. 2.7.), Missverständnisse aufgrund der verschiedenen Kommunikationsstile (vgl. 2.6.).

***Vor- und Nachteile***

Der Vorteil dieses tschechischen Musters liegt darin, dass Tschechen ihre Mitmenschen wirklich positiv überraschen können, weil sie mehr tun, als vereinbart wurde und erwartet werden würde. Das ist dann, wenn sie hoch motiviert sind. Ein anderer Vorteil besteht in einer gewissen Großzügigkeit: Eine unbeabsichtigte Verletzung von Vereinbarungen, Regeln oder Vorschriften wird leichter nachgesehen und schneller verziehen. Konsequenzen kann man häufig „menschlich" oder mittels Bekannter lösen.

Nachteiligerweise kann jedoch die „Freunderlwirtschaft" auch all ihre negativen Aspekte entfalten, und die Ethik für Begegnungen im Rahmen der Wirtschaftszusammenarbeit ist dann eher nicht mit universellen Spielregeln, wie z. B. Fairness, Chancengleichheit für Bewerber etc., zu beschreiben, sondern nährt sich vielmehr aus eigenem Vorteilsstreben und aus Beziehungen.

### *2.4.2. Der deutsche Kulturstandard „regelorientiertes Pflicht- und Verantwortungsbewusstsein"*

***Zuverlässigkeit***

Deutsche haben eine starke Identifikation mit der eigenen beruflichen Tätigkeit. Sie nehmen ihre Arbeit, ihre Rolle, ihre Aufgabe und ihre damit verbundene Verantwortung sehr ernst. Sie möchten das, was sie machen, gut machen und sind konzentriert bei der Sache.

Zunächst einmal planen, organisieren, strukturieren sie. Das machen sie nicht zum Vergnügen, sondern aus der Überzeugung heraus, dass so die Aufgaben am besten bewältigt werden können (vgl. 2.2.: Aufwertung von Strukturen). Dass diese Strukturen nun in die Tat umgesetzt werden, hat eine zentrale Voraussetzung, die der Inhalt dieses Kulturstandards ist: Alle Beteiligten haben verlässlich zu sein. Eine Sache ist organisiert und jetzt wird von allen erwartet, dass sie sich korrekt an ihre Zuständigkeit halten und ihre Aufgabe erfüllen. Nur in diesem Zusammenspiel aller funktioniert das System. Das bedeutet, dass alle den im jeweiligen Kontext vorhandenen Normen, Systemen, Strukturen Folge leisten.

Es ist somit notwendig:

- sich im beruflichen Feld an Kompetenzen und Rollen zu halten;
- Absprachen, Vereinbarungen, Zusagen und Versprechen einzuhalten;
- Entscheidungen durchzuführen;

- Vorgaben exakt einzuhalten;
- zeitliche Zuverlässigkeit und Pünktlichkeit zu zeigen;
- den eigenen Handlungsspielraum als Verantwortungsspielraum wahrzunehmen und aktiv die nötige Initiative zu ergreifen.

Geschieht das, gilt jemand als zuverlässig, korrekt, gewissenhaft und er ist ein geschätzter Mitarbeiter oder Kollege, ein Vollprofi, wie man ihn sich wünscht und er verdient Vertrauen.

Diese Verlässlichkeit wird nun nicht vorrangig dadurch erreicht, dass es Instanzen gibt, die überall kommandieren und kontrollieren, sondern dass jeder an seinem Platz aus sich heraus das tut, was von ihm erwartet wird. Tschechen formulieren das so: „Deutsche machen vieles ohne ersichtlichen Zwang dazu." Der Handelnde hat nämlich gar nicht mehr das Gefühl, dass sein Handeln andere von ihm erwarten, sondern es ist ihm selbstverständlich, das zu tun. Er hat sich im Prozess der Planung, der Strukturierung oder als er die Stelle antrat, damit bereits identifiziert. Im Fachbegriff spricht man von „internalisierter Kontrolle": Per Einsicht in die „Notwendigkeit" bzw. Optimalität bestimmter Regelungen oder Verfahrensweisen kontrolliert sich ein Individuum weitgehend selbst. Es hält sich dabei entweder an vorgegebene Normen oder an selbst erstellte Pläne. Bei Verstößen oder Störungen kommt es daher nicht nur zu Konflikten mit einer Kontrollinstanz, z. B. dem Chef, sondern zu internen Konflikten und zu Gewissenskonflikten, weil man mit sich selbst unzufrieden ist. Deutsche lernen es von klein an, „gewissenhaft" und sich zunehmend selbst regulierend an Normen zu halten, die Erziehungsinstanzen vorgeben bzw. vorleben.

Weil hier Strukturen, Normen, „Objektives" internalisiert werden, besteht die deutsche Zuverlässigkeit gegenüber der Sache (vgl. 2.1.: Sachorientierung)! Die Beziehungen, die zu den beteiligten Personen existieren, beeinträchtigen oder fördern die gezeigte Gewissenhaftigkeit nicht. Ob mir der Chef sympathisch ist oder nicht, ob ich mich mit meinen Kollegen wohl fühle oder nicht – ich habe die Aufgabe zu erledigen. Und ich will das auch, denn ich finde die Sache im Prinzip gut, sonst wäre ich nicht an dieser Stelle und nicht in diesem Job. Das Pflichtbewusstsein gilt somit in erster Linie den konkreten Vorgaben, die Loyalität der Firma, bei der ich (gerade) arbeite.

Auch das eigene, subjektive Wohlbefinden ist hintan zu stellen: Ob ich Lust habe oder nicht, ob ich gerade von Problemen heimgesucht bin, die mir viel Energie abverlangen, ob es mir sehr viel Mühe abverlangt oder Spaß macht, spielt keine Rolle: Ich habe die Selbstdisziplin aufzubringen, mein Bestes zu geben. Denn ich habe Ja gesagt zu dieser Vereinbarung oder dieser Stelle und nun stehe ich in Pflicht und Verantwortung. Selbstdisziplin und Härte zu sich selbst sind die Innenseite der Gewissenhaftigkeit.

Deutsche lieben keine Ausnahmen. Zu der bislang beschrieben Funktionalität von Strukturierung und Internalisierung gesellt sich eine weitere – soziale – Bedeutung: Deutsche assoziieren mit „gleichen Normen" für alle auch „Gerechtigkeit", d. h. gleiche Behandlung für alle hinsichtlich der Chancen und Rechte, aber auch der Sanktionen. Ausnahmen, Sondervereinbarungen, Abweichungen „bevorzugen" aus deutscher Sicht den, dem sie zugestanden werden. Und das halten sie „im Prinzip" für unfair. Wenn Ausnahmen gemacht werden, dann bedarf es dazu einer zwingend einsichtigen Begründung oder der zuverlässigen Einschätzung der betreffenden Person als sehr verantwortungsbewusst, was garantiert, dass sie sich sonst selbstverständlich an die Normen hält.

Die Internalisierung wird grundgelegt im gesamten Sozialisationsprozess. In der Erziehung spielen Einsicht, Überzeugen und Vernunft sowie Erklärungen, die Ge- und Verbote nachvollziehbar machen, eine große Rolle. „Konstruktive Kritik", nicht Strafen sind die Sanktionen. Auch Eltern fühlen sich an ihre Vereinbarungen mit den Kindern gebunden und setzen sich nicht leichtfertig darüber hinweg („Versprochen ist versprochen"). Während der schulischen und beruflichen Laufbahn werden dann auch nur die erfolgreich sein, die zu einer gewissenhaften (d. h. internalisierten) Erfüllung der an sie gestellten Anforderungen – seien sie nun explizit als Regeln und Normen oder implizit als Bestandteil von Kompetenzen und Aufgaben geregelt – in der Lage sind, weil diese Systeme auf Eigenverantwortung basieren.

### *Selbstständigkeit*

Was aber heißt Selbstständigkeit und Eigenverantwortung im Beruf deutsch definiert? Zusammengefasst kann man das so sagen:

1. Mentale Übernahme und Internalisierung der in Plänen und Normen oder in (gemeinsamen) Entscheidungen festgelegten Intentionen, Aufgaben und Regeln;

2. eigenverantwortliche Erfüllung dieser Leistungserwartungen in vollem Umfang;

3. unaufgeforderte, selbst initiierte Einleitung von geeigneten Abhilfemaßnahmen bei Störungen;

4. Aufnahme von expliziten Gesprächen mit dem Vorgesetzten oder einschlägigen Gremien bzgl. gravierender Barrieren, gewünschter Änderungen, möglichen Verbesserungsvorschlägen oder Korrekturen etc., wenn dies als sinnvoll und effektsteigernd erachtet wird.

Diese Vorstellung weicht gravierend vom tschechischen Ideal eines selbstständigen Menschen als eines individuell improvisierenden ab!

In Phasen des Know-how-Transfers bedeutet diese Erwartung, dass auf Selbstständigkeit hin „erzogen" werden soll. Das kann bedeuten, dass diese Erwartungen ganz besonders betont oder von einzelnen Deutschen ostentativ vorgelebt werden. Ab gewissen Managementebenen schlüpfen Deutsche oft von selbst in die Rolle eines gewissen „Vorbilds". Sie wollen sich bewusst und sichtbar als besonders zuverlässig, zielstrebig, termintreu und zeitlich einsatzbereit zeigen. „Selbstständigkeit", was eine ganze Unternehmenspolitik betrifft, heißt dann, dass das einheimische Management die Verantwortung hat, das Unternehmen im Rahmen der einheitlichen Regelungen (Produktionsstandards, Kontrollsysteme usw.), die weltweit im Konzern gelten, zu führen.

Nach außen ist bezüglich der Selbstständigkeit und Eigenverantwortung die Einhaltung der Rolle, die ein Mensch in der „Maschine Betrieb" einnimmt, essentiell. Das heißt beispielsweise:

- Man benimmt sich (je gehobener umso mehr) höflich, bewahrt Haltung, bleibt korrekt.

- Man füllt seinen Kompetenzbereich aus, d. h. man hält einerseits seine Grenzen ein, nutzt aber andererseits den Spielraum, den man hat, aus. Beispiele: (a) Einer, der neu ist, hat sich an seinem Arbeitsplatz von sich aus in die verschiedenen Vorgänge einzuarbeiten. (b) Man ist in der Lage, sich seine Arbeit selbstständig nach Prioritäten einzuteilen, die die Belange der Firma widerspiegeln. (c) In Grenzfällen (z. B. bei der Qualitätskontrolle eines Werkstücks, das sich hinsichtlich seiner kritischen Messwerte im Grenzbereich der Akzeptanz befindet), befolgt man eigenverantwortlich nicht „den Buchstaben des Gesetzes", sondern entscheidet „im Sinne der Regel" und „weicht" damit u. U. wohlbegründet die Regel „auf". Deutsche nennen das: Ein verantwortungsbewusster, motivierter Mitarbeiter denkt mit und denkt weiter und leistet nicht gedankenlos „Dienst nach Vorschrift".

- Man hat von sich aus nach Verbesserungen und Optimierungen zu streben. „Stillstand ist Rückschritt", denn „die Konkurrenz schläft nicht". Also hat man immer am Ball zu bleiben.

- Wurden gemeinsame Entscheidungen oder Vereinbarungen herbeigeführt, dann gehen alle davon aus, dass jeder der Beteiligten ab jetzt weiß, was zu tun ist. Sie verlassen sich darauf und fragen oft nicht mehr nach oder haken nicht mehr nach. Gesagt – getan. (Ein Nachfragen könnte sogar beleidigen, weil man damit jemandem implizit sagt, dass man ihn nicht für zuverlässig genug hält, sein Wort zu halten.)

- Termine sind einzuhalten! Das ist eine sehr tiefsitzende Norm. – Wenn ein deutscher Chef einen (tschechische) Mitarbeiter nach denkbaren Terminen fragt, bis wann dieser glaubt, etwas fertig machen zu können, dann ist diese Frage sehr ernst gemeint. Dem Mitarbeiter wird zugestanden, dass er der beste Experte für sein Gebiet ist und daher einen realistischen Termin nennen kann. Vielleicht wird dieser Termin noch aufgrund der Einflüsse, denen der Chef unterliegt, etwas variiert (z. B. müssen Rahmentermine berücksichtigt werden), aber die Erwartung besteht jetzt verbindlich, dass der gemeinsam vereinbarte Termin, zu dem das Jawort des Mitarbeiters eingefordert wurde, vom Mitarbeiter gehalten wird.

- Einwandfreie Arbeitsleistungen sind zu erbringen. Und damit sie erbracht werden können, investieren Deutsche durchaus Geld und Zeit in Ausbildung. Aber dann muss die Investition Früchte zeigen.

- Mitarbeiter wenden sich an den Chef, wenn sie auf etwas stoßen, was in dessen Aufgaben- oder Entscheidungsbereich fällt. Ansonsten führen sie ihre Aufgaben selbstständig aus (eigener Kompetenzbereich). Und der Chef erwartet das auch so.

- Nach innen erscheinen Deutsche den Tschechen auch ziemlich „*streng*" gegenüber sich selbst: Man ist überzeugt, dass Anstrengung zum Erfolg führt. – Die Kehrseite wird aber auch als überwiegend zutreffend erachtet: Nur wer sich anstrengt, hat Erfolg. Ohne Pflichtbewusstsein, ohne Standhaftigkeit, ohne die Haltung „nicht aufgeben, sich zusammenreißen, die Zähne zusammenbeißen!" ist echter Erfolg nicht möglich. Wenn eine Arbeit aufwendig oder unangenehm wird, dann ist sie trotzdem auszuführen. Man hat hartnäckig zu sein – gegenüber sich und anderen – in der Zielerreichung. Kneifen gilt nicht!

- Wer in Zeitverzug kommt, muss eben mehr arbeiten, um die Zeit wieder reinzuholen oder sich (beim Chef, bei Kollegen usw.) Hilfe holen. Andere Beteiligte (Kunden, Chef, Kollegen) verlassen sich nämlich darauf, dass jeder sich seine Zeit selbst richtig einteilt.

- Man hat die Wahrheit zu sagen. Ehrlichkeit ist sehr hoch geschätzt. Ausreden werden nicht akzeptiert und führen zu Ärger und Aggressionen.

- Lernen aus Fehlern, indem man auf sie hingewiesen wird, hat in der Logik der Internalisierung einen besonderen Stellenwert. Man nimmt die verletzten (Selbstwert)Gefühle des Lernenden geradezu vorsätzlich in Kauf, um einen besonders nachhaltigen Lerneffekt zu erzielen („Das vergisst der nicht mehr."), denn niemand mag es, unzuverlässig, schlampig oder inkompetent zu erscheinen. Das wird ihn anspornen, sich das nächste Mal mehr anzustrengen. Und dann müssen Fehler ausgebessert werden – das ist mühsam, macht keinen Spaß. Aber es dient der Sache.

- All das gilt als zuverlässig und wünschenswert. Und Deutsche inszenieren manchmal kleine Tests in punkto Zuverlässigkeit. Wenn sich ein tschechischer Kollege hier als regel- oder vereinbarungstreu und erweist, gilt er als vertrauenswürdig und erfährt fortan die Behandlung als guter Kollege bzw. Bekannter. Umgekehrt gelten Deutsche bei Tschechen normalerweise als zuverlässige Geschäftsleute, die sich an ihr Wort und ihre Zeitzusagen halten.

### *Bringschuld*

Zur Logik des „internalisierten Pflicht- und Verantwortungsgefühls" gehört nun auch die sog. *Bringschuld*. Auf sie sei hier nochmals verwiesen, denn sie ist eine häufige Ursache für Konflikte.

Die deutsche Erwartung, wenn Schwierigkeiten auftreten, ist mit Redewendungen wie „Angriff nach vorne" oder „Melden macht frei" zu umschreiben. Das bedeutet: Wenn jemand in der Erfüllung seiner Aufgabe an Barrieren stößt, dann ist es seine Pflicht, das denjenigen von sich aus mitzuteilen, die davon ebenfalls betroffen sind. Diese Personen – ob Chef, Kollegen, Kunden, Geschäftspartner – sind zu informieren und auf die zu erwartende Störung aufmerksam zu machen. Es gilt jetzt mit ihnen das Gespräch über das weitere Vorgehen zu suchen. So ist es möglich, rechtzeitig entsprechende Maßnahmen einzuleiten, die alle Betroffenen berücksichtigt und das Problem minimiert. Das mag zwar peinlich sein, zumal wenn ein eigener Fehler vorliegt. Doch dieses Vorgehen ist gleichbedeutend mit Rücksichtnahme auf die Arbeitspartner und heißt (wenn es nicht dauernd vorkommt) keineswegs, dass die betreffende Person unfähig ist. Im Gegenteil, ein solches Verhalten gilt als gewissenhaft und das einzig problemlösende. Ehrlichkeit bei Schwierigkeiten und das Eingestehen von (gelegentlichen) Fehlern zeugt von hohem Verantwortungsbewusstsein, von Selbstbewusstsein und von Verlässlichkeit. „Vertuscht" jemand sein Problem, dann zieht er großen Ärger auf sich, weil alle sich auf die Absprachen verlassen haben und nun ihrerseits mit Selbstdisziplin und Gewissenhaftigkeit ihren Part verfolgen. Was sie das an Energie und Kräften kostet, bricht sich in Aggression Bahn, wenn das Problem erst zum Schluss bekannt wird und die Konsequenz nicht mehr abzuwenden ist. Wenn also z. B. die Qualitätseinbuße da ist oder der Terminverzug nicht mehr aufzuholen ist.

Diese Bringschuld kann so selbstverständlich sein, dass manche deutsche Chefs ihrerseits gar nicht nach Problemen fragen. Sie gehen vielmehr – auf funktionierende, regelorientierte, internalisierte Kontrolle bauend – davon aus, dass alles läuft, wie es soll, solange sie nichts Anderweitiges hören. Sie rechnen mit der Eigeninitiative der Mitarbeiter, dass diese bei Störungen auf sie zukommen würden. Deutsche Chefs sehen mitunter eine wesentliche Managementaufgabe darin, zunächst einmal viel Freiraum zu geben und dann einzugreifen, wenn der Mitarbeiter alleine nicht mehr weiterkommt. Das verstehen sie unter Delegation.

Die geschilderte Psychodynamik, mit der Deutsche für eine Sache unter Einhaltung der Strukturen arbeiten, legt den Tiefgang deutschen Engagements offen. Denn Sachorientierung ist keinesfalls mit „Oberflächlichkeit" und „Gefühllosigkeit" gleichzusetzen, sondern bedeutet für eine motivierte Person im Gegenteil große Identifikation und hohes Engagement. Das erklärt, weswegen es bei Deutschen immer wieder zu für Tschechen überraschenden Gefühlsausbrüchen kommt. Die dahinter stehende Dynamik ist oft eine der folgenden:

- Deutsche nehmen vieles sehr ernst. Manche können geradezu als Inkarnation ihrer Normen und Anliegen auftreten oder quasi an einem Lebenswerk basteln. Darin liegt ein Phänomen, das mit deutschem Idealismus beschrieben wird: Ein Idealist widmet sich einem Anliegen zu einem großen Teil seiner Persönlichkeit. Ihm liegt soviel an der Sache, mit der er sich identifiziert, dass er unter Opfern und zum Teil unter Hinnahme persönlicher Nachteile alles tut, was in seiner Macht steht, um seiner Sache zum Erfolg zu verhelfen. Wir fanden diese Tatsache in unserem Material in der Form von beruflich überaus engagierten Menschen, die für ihre Aufgabe leben, sowie in der Form von Engagement für Ideale wie Umweltschutz oder Gesundheit. Diese Menschen mögen durchaus missionierend wirken und manchmal auch einen Schuss zuviel Engagement aufweisen, doch ihnen guten Willen abzusprechen, trifft ihre Absicht nicht. Sie arbeiten hart für eine gut gemeinte Überzeugung. Das zu verkennen, verletzt wiederum die Beziehungsebene zu ihnen fundamental, weil es ihnen auf dem Umweg über das Ideal letztlich um die Menschen geht, z. B. Arbeitsplätze zu erhalten, am Wirtschaftsaufbau mitzuwirken, die gesundheitlichen Bedingungen zu verbessern, kommenden Generationen eine lebenswerte Umwelt zu hinterlassen etc.. Weil sie ihre Ideale aber in eine derartige sachliche Disziplin gewanden, ist es Tschechen nur schwer möglich, die menschlich hehren Absichten zu erkennen, und es kann zu Verstimmungen oder gar ernsten Konfrontationen kommen.

- Die oben geschilderte Bringschuld gewährleistet, dass bei auftauchenden Hindernissen die Beziehung zum Arbeitspartner nicht zerstört wird. Denn durch die rechtzeitige Information respektiert man ihn insofern, als man ihm z. B. überflüssige Arbeit oder Folgeprobleme wie das Verhindern seiner Zielerreichung, das Umorganisieren diverser Vorhaben oder die Zerstörung anderer Pläne usw. erspart. Tschechen machen das aber nicht, sondern rechnen damit, dass (a) der Verlauf sowieso anders als geplant sein wird, dass (b) jeder der Partner improvisieren wird und (c) die Verantwortung für die Lösung seiner Probleme jeder selbst trägt. In deutschen Augen tun sie somit nichts, sondern lassen den Deutschen „auflaufen". Das lässt den Deutschen „ausrasten", denn seine Art, etwas einer anderen Person zuliebe zu tun, heißt: Vereinbarungen zu halten unter großer Selbstdisziplin und u. U. unter Inkaufnahme von Nachteilen.

***Vor- und Nachteile***

Die Vorteile „regelorientierten Pflicht- und Verantwortungsbewusstseins“ liegen darin, dass Deutsche in der Lage sind, Systeme zielsicher und effektiv zum Funktionieren zu bringen, weil sie sich mit ihrer Arbeit identifizieren. Und das wird von den Tschechen auch anerkannt, geschätzt und als „professionell" apostrophiert. Das gilt als positive deutsche Eigenschaft.

Der Nachteil heißt so und so oft: Übertreibung. Es besteht manchmal überhaupt keine innerliche Distanz mehr zu den Dingen und eine solche Person wirkt schon fast fanatisch und ist, wie ein Seminarteilnehmer mal selbstironisch bemerkte, ein „Überzeugungstäter“. Dies kann sich umso mehr steigern, wenn sie keinen Erfolg ihrer Bemühungen sieht und zunehmend extremer wird.

Manchmal, so ist zu vermuten, führt auch die starke Internalisierung von Vorgehensweisen zu einer übertrieben ausgeprägten Überzeugung davon, dass nur der Weg, den die deutsche Seite gehen möchte, richtig ist.

### *2.4.3. Die Dynamik des Kulturstandardpaares „Personorientiertes – regelorientiertes Pflicht- und Verantwortungsbewusstsein"*

Der Definition dieses Kulturstandardpaars ist es inhärent, dass Regeln in oder außer Kraft gesetzt werden, je nach Motivlage. Dabei pendeln Tschechen wesentlich weiter als Deutsche. Wir konnten oben die Bedingungen benennen, wann Tschechen sich regelorientiert verhalten und wann nicht. Das Ausmaß der Mischungsanteile der Polaritäten hängt dabei von den beteiligten Personen ab, also vom zu erlangenden eigenen Vorteil, vom Grad der Identifikation mit der Sache und von der Beziehung zu der Person, der gegenüber die Verpflichtung besteht.

Daher sei in diesem Zusammenhang explizit eine gravierende Warnung ausgesprochen: Mit Tschechen und in Tschechien ist selbstverständlich nicht alles möglich! In Tschechien herrscht ganz sicher kein gesetzesfreier oder regelloser Raum! So und so oft kann man nichts machen und hat die Sachlage der Regeln schlicht zu akzeptieren. Das tun die Tschechen dann auch. Es lässt sich nicht vorher sagen, ob und wie viel Spielraum gegeben sein wird.

Zur Darstellung der deutschen Seite seien folgende Relativierungen angemerkt:

Gewissenhaftigkeit ist bei weitem nicht immer und überall gegeben. Beispielsweise in manchen Großbetrieben oder in Abteilungen mit „Beamtenmentalität" findet sich in Deutschland allerhand Schlendrian. Auch bei Geburtstagsfeiern im Betrieb oder langen Besprechungen liegt das Zeitmanagement mitunter im argen. Zudem schwankt die Gewissenhaftigkeit natürlich je nach Person und Situation. Aber: Ein unmotivierter Deutscher nimmt noch immer die bequeme Haltung des „Dienst nach Vorschrift" ein, das heißt, er erfüllt gerade das Mindestmaß seiner Aufgaben. Und die grundsätzliche Erwartung heißt immer: Pflicht- und Verantwortungsgefühl ist zu zeigen. Das ist der Maßstab für Engagement und Vertrauenswürdigkeit und daran hängt die berufliche Anerkennung. Dieser Kulturstandard ist eine deutliche Normsetzung mit moralischer Färbung!

Auslandsentsandte in Tschechien scheinen oft geradezu ausschließlich für ihre Arbeit zu leben. Die Entsendung betrachten viele als ein Sprungbrett für ihre Karriere und daher bemühen sie sich ganz besonders. Zudem haben nur wenige ihre Familie in die tschechische Republik mitgebracht. Auf sie wartet demzufolge zuhause niemand und es ist egal, wie lange sie im Betrieb bleiben. So sind viele dienstbeflissener als sie das in Deutschland wären. Das ist ein situativer Aspekt, der aber einen deutlichen Einfluss auf das Verhalten hat.

Die bereits erwähnte Vermischung Sach- und Personbezug ist es, die hier wiederum eine massive Rolle spielt und als Definitionsbestandteil dieses Kulturstandards wirkt. Denn die Gefühle (Personbezug), die Deutsche während der Arbeit haben und zeigen, sind vornehmlich nun mal solche, die das Engagement der Person, ihre Ernsthaftigkeit und ihren Leistungswillen unterstreichen. Das ist ab und zu Begeisterung, überwiegend Druck, Durchhalten, Disziplin, aber auch Unzufriedenheit oder Ärger über Störungen und Ungenauigkeiten. Dass Deutsche so oft als derartige Miesepeter erlebt werden, hat mit ihrer hohen beruflichen Identifikation zu tun. Denn Fehler verursachen Unzufriedenheit mit sich selbst oder Enttäuschung über andere, wenn diese offensichtlich nicht dieselbe Disziplin aufgebracht haben. Und diesen schlechten Gefühlen wird nun – je gravierender sie empfunden werden, umso mehr – Ausdruck verliehen.

### *2.4.4. Beispiele*

Analysiert man Erfolgsgeschichten der Zusammenarbeit zwischen Tschechen und Deutschen, dann zieht sich wie ein roter Faden ein Faktor durch alle Beispiele durch: Die Beziehungsebene zwischen den Beteiligten ist gut. Tschechen arbeiten *für* konkrete *Menschen.* Und wenn sie ihren deutschen Partner mögen, dann sind sie fleißig, zuverlässig, loyal, ehrlich. Ihr Engagement kann an wahre Opferbereitschaft heranreichen. Wenn sie ihn freilich – aus welchen Gründen immer – nicht mögen...

Im Umkehrschluss sieht das dann z. B. so aus:

Ein Austauschprogramm in einer deutsch-tschechischen Städtepartnerschaft läuft seit Jahren gut und störungsfrei. Der zuständige deutsche und tschechische Kollege arbeiten gut zusammen und verstehen sich persönlich sehr gut. Es ist für beide Seiten eine wirklich angenehme und erfreuliche Kooperation. Nun hat der Deutsche eine andere Aufgabe bekommen, die ihn zusätzlich in Beschlag nimmt und daher sagt er dem tschechischen Kollegen, dass er ein Jahr lang diese Kooperation an jemanden anderen abtreten wird. Kaum war das gesagt, findet er den tschechischen Kollegen in Irritation wieder und er fragt nach, wieso, was denn los sei. Da er darauf keine rechte Antwort erhält, legt er nochmals all seine Gründe dar. Der Tscheche scheint sich davon nicht beruhigen zu lassen. „Ja, das verstehe ich, aber das ist doch kein Grund, dass Du unsere Kooperation beendest." Der Deutsche hat das Gefühl, er hat seinen tschechischen Partner tief verletzt und unglücklich gemacht. Er hat aber keine Ahnung wie und weshalb.

Erst später erfährt er: „Bei uns in Tschechien gibt es keinen „Verantwortlichen". Wenn jemand das machen mag, dann tut er es einfach. Nur wenn die Kooperation mit einem Partner unangenehm wird, dann hören wir wieder auf." Das ist also des Rätsels Lösung: Sein tschechischer Kollege hat seinen Rückzug persönlich genommen und als Kritik an ihm aufgefasst! Der Deutsche würde nicht mehr *mit* ihm und *für* ihn arbeiten wollen! Er dagegen definiert sein Tun als Erfüllung einer Pflicht, für die er Verantwortung übernommen hat und die er vorübergehend abgeben will. Hoffentlich kann er das wieder einrenken, wenn er dieses Missverständnis in Ruhe erklärt.

### *2.4.5. Zusammenfassung und Empfehlungen*

<table>
<tr><th>personorientiertes Pflicht- und Verantwortungsbewusstsein<br><br>(CZ)</th><th>regelorientiertes Pflicht- und Verantwortungsbewusstsein<br><br>(D)</th></tr>
<tr><td>Internale Kontrolle (Selbststeuerung) gilt:<br><br>• etwas wurde zu einem persönlichen Anliegen zur Verfolgung eigener Interessen / Ziele / Vorteile<br>• starkes Verpflichtungsgefühl gegenüber konkreten geschätzten Personen (nicht gegenüber Vereinbarungen!)<br>• man identifiziert sich persönlich sehr mit einer Sache<br><br>In allen anderen Fällen ist externale Kontrolle nötig, denn Regeln (auch Vereinbarungen) werden nur respektiert, wenn es unumgänglich (Sanktion!) oder vorteilhaft ist:<br><br>• Regeln haben keinen moralischen Wert<br>• Spielräume werden genutzt<br>• Sachzwänge alleine zählen nicht<br><br>Holschuld des Chefs</td><td>Es herrscht nach der Zustimmung zu einer Aufgabe oder Vereinbarung weitgehend eine Internalisierung (Verinnerlichung) und Befolgung der damit verbundenen Regeln, Gesetze, Vereinbarungen, Kompetenzen, Rollen, Zusagen, Entscheidungen:<br><br>• Einhaltung der Rolle (=Kompetenzbereich ausfüllen)<br>• Termineinhaltung<br>• Eigenverantwortung im Beruf und Delegation (=Übernahme der Normen, Leistungserfüllung, Initiierung von Abhilfe bei Störungen und Gesprächen, wenn Verbesserungen nötig sind)<br><br>Nachteil: zu starke Identifizierung, Tendenz zur Ideologie, zum „Missionar“,<br><br>Bringschuld des Mitarbeiters</td></tr>
</table>

**Empfehlungen für Deutsche, die mit Tschechen arbeiten:**

1. Der Schlüssel zur Motivation liegt immer im persönlichen Bereich. Suchen Sie hier nach motivierenden Ansätzen! („Verführen statt befehlen")

2. Wenn Sie etwas wollen, müssen Sie Ihren Wunsch sachlich begründen, warum das besser ist und warum das vorteilhafter ist. Sie müssen Folgen zeigen und Zusammenhänge erklären. Lassen Sie auch Diskussionen über den Sinn einer Struktur zu. Der bloße Druck hilft nicht, sondern lässt Ihre Forderungen nur noch mehr als Pedanterie, Bürokratie, unnötiges Ansinnen erscheinen. Noch besser ist es, Sie äußern nun das, was Sie wollen, in Form einer Bitte.

3. Priorisieren Sie, was wirklich genauso nötig ist, wie es Ihnen vorschwebt und wo Sie mit Ihren tschechischen Kollegen Raum zur Gestaltung haben. Es ist nicht möglich, alles einfach zu übertragen.

4. Am besten ist es natürlich, die „Beplanten" in die Planung mit einzubeziehen und die Vorhaben gemeinsam auszuhecken: Lassen Sie Diskussionen über den Sinn einer Maßnahme zu. Fragen Sie, was man wie machen könnte und geben Sie Raum für diese Initiativen. Setzen Sie dann diese Ideen auch um und diskutieren Sie sie nicht zum Alibi. Gestehen Sie u. U. paralleles Arbeiten zu, um die Qualität der Wege (Ihres und des tschechischen) zu prüfen.

5. Ein guter Stil der Kommunikation ist es, zusammen mit einem tschechischen Kollegen etwas zu entwickeln, statt dozierend aufzutreten: „Denken Sie mal nach drüber..., überlegen Sie sich das...". „Wie könnte man das machen? Ich würde vorschlagen, das könnte man... Was halten Sie davon? Geht das bei Ihnen?" – Bei unbekannten Aufgaben ist Widerstand schlicht normal. Eine langsame, gemeinsame Prozessgestaltung kann eine bessere Überzeugungsarbeit leisten als sofortiges Pushen. Auch die Darstellung des favorisierten eigenen Weges als eine Alternative, die wie andere Alternativen diskutiert wird, eröffnet ein faires Feld der Auseinandersetzung. Sie könnten z. B. vorschlagen: „Gut, wir sind uns nicht einig, wie wir's machen sollen. Probieren wir es mal so und dann reden wir wieder drüber, ob es funktioniert hat." Und dann reflektieren Sie die Erfahrung gemeinsam und revidieren Sie sie u. U. auch.

6. Kontrollen sind wirklich nötig – rechtzeitig, beharrlich. Jetzt kommt es nur noch auf das WIE an: freundlich.

7. Aber bitte überwachen Sie auch nicht zu viel, sondern streben Sie nach Möglichkeiten, dass Tschechen sich internal kontrollieren können. Sonst laufen Sie nämlich Gefahr, dass Sie jede Initiative töten, alte Autoritätsmuster zementieren und die Tschechen auf die Rolle der Zuarbeiter festlegen.

8. Manchmal hilft es, die Tschechen erleben zu lassen, dass Ihre Idee, was und wie man es macht, gut ist. Dann bilden sie sich ihre Meinung und kooperieren vielleicht mit Ihnen auf eine sehr produktive Art. – Modelllernen in Deutschland ist dazu oft eine effektive Methode, weil zusätzlich erlebt werden kann, dass den Tschechen nur auch in Deutschland Selbstverständliches und Normales abverlangt wird.

**Empfehlungen für Tschechen, die mit Deutschen arbeiten:**

1. Fordern Sie ruhig Gespräche ein zum Verstehen Ihnen unklarer Zusammenhänge und zur Erarbeitung einer gemeinsamen Lösung. Das weist Sie zudem aus als interessierten, motivierten Mitarbeiter.

2. Nehmen Sie bei Problemen Ihren deutschen Chef zu Hilfe. So versteht er auch seine Rolle, weil er schlicht mehr Kompetenzen hat. Was kann der Chef tun, dass Ihre Anforderungen zu schaffen sind? Deutsche sehen das nicht als Schwäche oder Untergraben der Autorität des Chefs, sondern als Zeichen, die Aufgabe erfüllen zu wollen! Die Steigerung des auf diese Art gezeigten Verantwortungsbewusstseins besteht darin aufzuzeigen, was Sie schon unternommen haben, um das Problem zu lösen. Deutsche mögen es, wenn jemand Initiative zeigt (und darüber spricht!).

3. Treffen Sie bitte keine Aussagen und Absprachen und machen Sie bitte keine Pläne deutschen Kollegen zuliebe, nur weil Sie ihnen im Moment entgegenkommen und ihnen einen Gefallen tun wollen – außer Sie sind sich absolut sicher, dass Sie diese Absprachen auch einhalten können oder wollen! Termine, Vereinbarungen, Absprachen, Zusagen gelten den Deutschen als verbindlich. Und wenn Sie dann Ihre Aussage nicht einhalten (weil Sie sie nicht wirklich ernst genommen, sondern zur Beruhigung nur gesagt haben), dann verschlimmern Sie die Situation. Denn jetzt fühlt sich der Deutsche nicht nur sachlich im Regen, sondern auch auf der Beziehungsebene im Stich gelassen und schlimmstenfalls sogar betrogen.

4. Sagen Sie Bescheid, wenn etwas nicht wie vereinbart klappt! Nur dann haben die Deutschen eine Chance zu reagieren und sich einen anderen Weg oder eine Änderung bezüglich des Ziels zu überlegen. Und das vermeidet den großen Knall, der am Ende steht, wenn das Ziel nicht erreicht werden würde.

5. Verkneifen Sie sich Ausreden. Das wirkt auf Deutsche unprofessionell und unzuverlässig.

6. Deutschen ist es sehr wichtig, dass sich jemand an seine Rolle hält. Deshalb ist es wichtig, dass Sie Ihre Rolle klären: Was wird von Ihnen erwartet? Und das wird dann tatsächlich erwartet – nicht weniger, aber eben auch nicht mehr.

**Empfehlungen für Deutsche, die mit Tschechen arbeiten (Fortsetzung):**

9. Leistungen zu honorieren, wirkt motivierend. Dazu noch eine Anmerkung: Wenn Tschechen überhaupt mit Ihnen zusammenarbeiten und die Dinge in etwa so machen, wie Sie das absprechen (vielleicht ein bisschen später, vielleicht zu 80 %...), dann ist das bereits ein positives Feedback an Sie! Tschechen erwarten umgekehrt dafür auch positives Feedback Ihrerseits!

10. Es wirkt sympathisch, wenn Sie nicht als Inkarnation Ihrer Normen auftreten, sondern auch mit einer gewissen Distanz die Vorgaben, die Sie zu erfüllen haben, betrachten und besprechen. Das schafft eher ein gemeinsames Boot, das es eben jetzt zu steuern gilt, selbst wenn Sie das regelorientiert tun.

11. Der Schlüssel zu allem heißt vielleicht ganz einfach: Sich Zeit nehmen (auch innerlich!) für Diskussionen und Erörterungen.

12. Es sollte selbstverständlich sein, dass Regeln, auf die Sie pochen, für alle gelten – auch für Sie. Disziplin und Konsequenz wird anerkannt, wenn die Spielregeln auch wirklich privilegienlos von allen – einschließlich dem deutschen Chef – befolgt werden.

## 2.5. *Kulturstandardpaar: Diffusion von Lebens- und Persönlichkeitsbereichen versus Trennung von Lebens- und Persönlichkeitsbereichen*

| **Zentrale Fragestellung:** |
| --- |
| Wie ist die Spannbreite der Betroffenheit? |

Kulturen werden in „spezifische" und „diffuse" eingeteilt. Damit wird das Maß der Betroffenheit im Umgang mit anderen Menschen bezeichnet, d. h. es wird erfasst, ob man Menschen in bestimmten, *„spezifischen"* Lebensbereichen und Aspekten ihrer Persönlichkeit begegnet oder ob man ihnen eher ganzheitlich, *„diffus"* gegenübertritt. Im ersteren Fall sind die Lebens- und Persönlichkeitsbereiche analog einer biologischen Zellwand relativ undurchlässig und getrennt, im zweiten Fall hochgradig durchlässig. Tschechen zeigen im Unterschied zu Deutschen deutliche Merkmale der Diffusion.

Um diesen Kulturstandard zu verstehen, ist es dieses Mal gut, mit der Darstellung des deutschen Musters zu beginnen.

### 2.5.1. *Der deutsche Kulturstandard „Trennung von Persönlichkeits- und Lebensbereichen"*

Deutsche nehmen eine strikte Trennung der verschiedenen Bereiche ihres Lebens vor. Sie differenzieren ihr Verhalten sowohl deutlich danach, in welcher Sphäre sie mit einer anderen Person zu tun haben, wie auch danach, wie nahe sie einer anderen Person stehen.

Die Unterscheidung der folgenden Sphären ist daher wesentlich:

#### *Beruf – privat*

Deutsche arbeiten während der Arbeit und „leben" in ihrer Freizeit, d. h. nach Feierabend, am Wochenende, im Urlaub. In der Arbeit hat die Arbeit Vorrang und alles andere tritt an die zweite Stelle. Im Privatleben nehmen Beziehungen, Familie, Freunde, persönliche Neigungen und Interessen die ganze Person in Anspruch. Im Beruf ist man sachorientiert, privat beziehungsorientiert. Im Beruf ist man zielstrebig, privat will und muss man entspannen. Im Beruf widmet man sich den jeweiligen Sachinhalten, im Privatleben frönt man unter Umständen ganz anderen Neigungen und schafft seinem Gemüt Ausgleich. Manchmal scheint es, als hätte man mit zwei verschiedenen Menschen zu tun – im äußeren Erscheinungsbild, im Verhalten, in der Stimmung.

In der Arbeit hat die Arbeit Vorrang. Darauf konzentriert man sich, anderes hat jetzt keinen Platz. Das Privatleben hat hier nichts zu suchen. Kollegen wissen daher voneinander u. U.

nicht allzu viel. Über private Belastungen und daraus resultierende Gefühle spricht man häufig am Arbeitsplatz nicht, sie könnten die Konzentration und die Leistungsfähigkeit beeinträchtigen, eine gewisse Vernachlässigung der beruflichen Pflichten zur Folge haben, damit die eigene Position schwächen und schlimmstenfalls Rivalen ermuntern, die Chance für sich zu nützen. Und man hätte sogar noch selbst auf seinen (kleinen) Leistungseinbruch aufmerksam gemacht. Ein Chef wird sich hüten, sich für das Privatleben seiner Mitarbeiter zu interessieren, es könnte als Einmischung verstanden werden, deren Beweggründe nicht klar sind. Man zahlt auch nicht für dienstliche Belange aus der eigenen Tasche.

Aufgrund dieser Trennung sehen viele Deutsche ihren Aufenthalt in Tschechien auch als reine „Dienstzeit" an, von der sie am Wochenende nach Hause in die Freizeit und das eigentliche „Leben" flüchten. Ihr Antrieb, sich in Tschechien zu integrieren, die Sprache zu lernen, sich dort einzuleben, ist damit zum Teil sehr gering. Sie möchten niemanden beleidigen, sie handeln nur getreu dem Motto: Bier ist Bier und Schnaps ist Schnaps.

Der Urlaub stellt eine geliebte Sondersituation dar, in der z. T. das Gegenteil des normalen, beruflich geprägten Alltags gelebt wird, z. B. Offenheit, Freundlichkeit, Hilfsbereitschaft, Kontaktfreudigkeit, Gruppenzugehörigkeit, Kennenlernen anderer, Zeit haben, aber auch Aus-der-Rolle-Fallen.

### *Emotionalität – Rationalität*

Deutsche bemühen sich, ihre Gefühle und die „objektiven Fakten" auseinander zu halten. Dabei ist das Vorherrschen der Rationalität vor allem im Berufsleben angesagt, wo es als professionell gilt, sich sachlich zu zeigen (vgl. 2.1.: Sachorientierung) und Gefühle in mancherlei Hinsicht fast Schwäche bedeuten. Rationalität ist somit der Persönlichkeitsbereich, der beruflich aktiviert wird und die Basis für die Sachorientierung darstellt. Emotionalität ist dagegen im Privatleben dominanter. Jetzt ist wichtig, Mitgefühl mit und Verständnis für andere zu haben sowie sich seiner eigenen Gefühle bewusst zu sein und ihnen freieren Lauf zu lassen. Doch immer dann, wenn es um heikle Fragen geht, wird unterschieden zwischen dem, was man sich „rational" zu einer Sache denkt, und dem, was man „emotional" „aus dem Bauch heraus" meint. Beides ist dann gegeneinander abzuwägen, um zu handeln.

Deutsche trennen persönliche Freundlichkeit – sie gilt dem Menschen hinter der Rolle – von objektiver beruflicher Leistungsbeurteilung oder fachlicher Kritik – sie bezieht sich auf die Sache und die Qualität der Rollenerfüllung. Auch freundliche Menschen können daher hart sein im Urteil oder in ihren Forderungen.

Ist das Arbeitsklima konstruktiv und frei von Machtkämpfen, dann ist es aus dieser Logik heraus Deutschen auch möglich zu sagen, wenn sie einmal Schwierigkeiten mit einer Aufgabe haben oder einen Fehler gemacht haben, ohne sich als Person abgewertet fühlen zu müssen. Im Gegenteil – ein solches Verhalten wird hoch geschätzt als konstruktiv, bemüht, engagiert.

Ein Umschalten vom deutschen Anspruch der Rationalität und „Objektivität" auf zum Teil massive Emotionalität erfolgt, wie wir bereits gesehen haben, dann, wenn sich Deutsche dazu legitimiert sehen, weil beispielsweise etwas nicht so läuft, wie es gemäß der (in ihren Augen vereinbarten) Struktur laufen sollte. Jetzt zeigen sie vor allem in negativer Hinsicht ihre Emotionen: Sie ärgern sich offen, äußern Ungeduld und Unzufriedenheit, zeigen Wut und Enttäuschung. – Beleidigungen, Schläge unter die Gürtellinie, ein Ausfällig-Werden sind dennoch tabu, dafür sorgt das Bemühen um die Rolleneinhaltung.

Fehlschläge im Beruf und berufliche Niederlagen schmerzen natürlich auch Deutsche sehr. Doch man zwingt sich während der Arbeit zur Disziplinierung der persönlichen Gefühle (z. B. Ausleben der Enttäuschung) und zum Leben mit dem Misserfolg. Schwächen gilt es nur dosiert zu zeigen und dabei die Handlungsbereitschaft in den Vordergrund zu stellen. Beharrlichkeit, Weitermachen, „nicht aufstecken", „aus Fehlern lernen" ist angesagt. – Sachlich-inhaltlich wird selbstverständlich in Krisensitzungen nach den Ursachen gesucht.

### *Rolle – Person*

Deutsche definieren die Rollen, die zu bestimmten Positionen gehören, klar. Professionalität bedeutet, man weiß um seine Rolle in allen Facetten – bis hin zu Kleinigkeiten. Und man hält diese Rolle auch ein. Beruflich heißt das: Man ist korrekt und in der Sache engagiert zugleich, angemessen distanziert und mit entsprechender fachlicher Qualifikation. Zeigt man darüber hinausgehendes Verhalten, läuft man Gefahr „aus der Rolle zu fallen", was meist nicht positiv bewertet wird. Man ist weder zu enthusiastisch noch beleidigend.

Die Person, die hinter der Rolle steht, ist häufig in vielerlei Hinsicht schillernder. Doch sie kann, will sie beruflich anerkannt sein, nur einen Teil ihrer Persönlichkeit in ihrer Rolle ausleben: am besten die Seiten, die der Rolle förderlich sind und den Rolleninhaber damit überzeugend oder manchmal fast charismatisch erscheinen lassen.

Im Sinne ihrer Strukturliebe definieren Deutsche Rollen, Zuständigkeits- und Kompetenzbereiche klar. Und wenn sie diese verbessern wollen, nehmen sie Umstrukturierungen vor. Solange sie aber gelten, wird erwartet, dass diese Rollen ausgefüllt werden: Persönliche Belange (Sympathien, Unlustgefühle, anderweitige Verpflichtungen usw.) haben sich während der Arbeitszeit den Rollenanforderungen unterzuordnen. So sind Dienstreisen oder Geschäftsessen z. B. nicht zum Vergnügen da. Oder wenn aufgrund einer dringenden Anfrage eine Arbeit zu erledigen ist, dann soll es nicht ausschlaggebend sein, ob diese Person fremd oder bekannt ist. Die Rolle, in der diese Person anfragte, und damit die Arbeit, steht im Vordergrund und die das Ergebnis erwartende Person selbst rangiert an zweiter Stelle.

Die einzelnen hierarchischen Ebenen sind in ihrer Rollendefinition voneinander getrennt. Jede hat ihre Aufgaben und eine höhere Ebene mischt sich normalerweise in die Aufgaben der niedrigeren Ebenen nicht ein. Die rangniedrigere Ebene nützt ihren Spielraum und füllt ihn verantwortlich aus, worauf sich die ranghöhere Ebene auch gerne verlässt: Sie hat bestimmte Teilbereiche ihres (theoretischen) Zuständigkeitsgebiets delegiert und muss sich nur noch im Konfliktfall darum kümmern. Durch gewisse „Rituale", wie die Einhaltung der Zeichnungsberechtigung, der Entscheidungsbefugnis, des Dienstwegs und der Zuständigkeit wird immer wieder das Rollengefüge bestätigt.

Für Chefs besonders heikel ist die Tatsache, dass man durch ein Verwischen der Grenzen in Richtung der Persönlichkeit seine Autorität als Chef zumindest zu einem Teil einbüßt. Ein Chef hat für die Zielerreichung zu sorgen, indem er seine Mitarbeiter dazu anhält, ihre Rollen innerhalb der Struktur einzunehmen und damit der gemeinsamen Sache möglichst effektiv zu dienen. Nähe bewirkt aber ein tendenzielles Verlassen der Rolle und erfordert verstärkte Berücksichtigung der Belange einer Person (vgl. Distanzdifferenzierung). Somit wirkt sie im Konfliktfall zwischen objektiver sachlicher Notwendigkeit und persönlicher emotionaler Befindlichkeit der Effektivität des Systems entgegen. Und genau das soll im Sinne der Vorrangstellung der Sachorientierung und der sie stützenden Strukturen nicht sein.

***formell – informell***

Deutsche trennen auch zwischen formellen und informellen Settings. Die wünschenswerte Norm heißt dabei: Die wichtigen Dinge laufen in den formellen Kanälen. Damit sind sie einsehbar, nachvollziehbar und einfacher zu handhaben. Was Deutsche deshalb analog dem Kulturstandard „Strukturliebe" organisieren, das hat auch für den beruflichen Alltag tatsächliche Bedeutung.

Informelle Settings haben leicht den Geruch des Verdeckten, Hinterhältigen, Illegalen, Halbseidenen, mitunter sogar Intriganten – eben einer Struktur, die eigentlich nicht sein sollte und nicht offensichtlich werden darf. Ihrer bedient man sich, wenn es um Kampf und Macht geht und die, die darin involviert sind, tun das am besten nicht kund.

Deutsche halten in erster Linie formelle Sitzungen. Dort ist ihrer Meinung nach der Ort für Meinungsäußerungen und für Mitbestimmung, denn hier wird diskutiert und entschieden. Wer etwas zu sagen hat, soll hier seine Stimme erheben. Informelle Wege werden nicht als das „normale", „übliche" Vorgehen betrachtet. Die informelle Ebene ist in Deutschland auch normalerweise unbedeutender als die formelle. Eine weitere Konsequenz ist, dass es sehr viele Meetings gibt. Diese Sitzungen und Besprechungen dienen dazu, den Informationsfluss in geregelten und nachvollziehbaren Bahnen laufen zu lassen. Damit soll gewährleistet werden, dass alle, die etwas wissen müssen, dieses auch erfahren und dass andererseits nichts übersehen wird. Inhaltliche Wiederholungen können auftreten, weil man wichtige Dinge nochmals eigens im dafür vorgesehenen Rahmen benennt: Informell (nicht vertraulich!) Gesagtes wird in der Besprechung erneut aufgegriffen. Erst jetzt gilt es und erst jetzt kann man sich sicher sein, dass es nicht überhört wurde. Selbst Teamsitzungen finden ganz offiziell statt und es wird u. U. sogar protokolliert, was dort besprochen wird.

Für viele Dinge werden formelle Informationskanäle eingerichtet, d. h. offene, nachvollziehbare Informationsflüsse. Bei der Entscheidung zwischen Angeboten gilt es z. B. als faires Vorgehen, wenn das Angebot eines jeden Wettbewerbers offiziell eingeholt und objektiv geprüft wird.

Analog der Trennung von Beruf und privat, haben Deutsche mit Kollegen eher selten am Feierabend Kontakt und begeben sich eben nicht in informelle Strukturen. Was sie mit Kollegen zu besprechen haben, das tun sie vor allem während der Dienstzeit in den dafür vorgesehenen Strukturen. Was Deutsche damit regelmäßig unterschätzen, ist, dass sie sich mit einem analogen Verhalten in Tschechien selbst aus vielen informellen Zirkeln ausschließen.

Weil in Deutschland die Betonung auf formalen Strukturen liegt, ist die Hierarchie sehr sichtbar bis in sämtliche Teile ihres Funktionierens hinein.

Wie bereits dargelegt, werden Seilschaften und Mauscheleien als etwas betrachtet, das es natürlich gibt, das aber gegen die Norm, wie das Geschäftsleben sein sollte, klar verstößt.

Im Vergleich mit Tschechen fallen zusätzlich zwei Dinge auf:

1. Das Nutzen des „Vitamin B" ist in Deutschland eng daran gebunden, dass man jemanden wirklich persönlich kennt – d. h. eine Vermittlung über Dritte reicht nicht aus. Außerdem muss zu ihm auch noch ein relativ enger Vertrautheitsgrad (vgl. Distanzregulierung: „guter Bekannter") bestehen.

2. Das Beziehungsnetz, das besteht, ist wesentlich kleiner, enger begrenzt und somit weniger weitreichend. Es ist nur in sehr eingeschränktem Maße möglich, Interessen über Beziehungen zu verfolgen. Für vieles ist der offizielle, formelle Weg tatsächlich der einzige, der zu beschreiten ist.

### *Distanzregulierung*

Persönlichkeitsbereiche kann man in Bezug darauf, wie zentral oder peripher sie empfunden werden, in einem „Zwiebelmodell" darstellen: Die äußeren Bereiche betreffen die Person weniger intim und sind daher für andere Menschen leichter zugänglich, die inneren beinhalten zentralere Eigenschaften oder Einstellungen und werden nur nahen Freunden und Vertrauten geöffnet. Diese Abstufungen existieren für Tschechen und Deutsche gleichermaßen.

Unter Deutschen sind bei ein- und derselben Person ganz unterschiedliche Verhaltensweisen beobachtbar, je nachdem, ob ihr Interaktionspartner ein Fremder, ein Bekannter / Kollege, ein guter Bekannter oder ein echter Freund ist. Die Entwicklung von Freundschaften ist dabei der (angenehme) Ausnahmefall. Als durchgängiges Muster kann für Deutsche gesagt werden, dass sich (a) der Kontakt vom Distanzierten und Formellen zum Vertrauten hin bewegt, dass (b) die anfängliche Sachlichkeit und Rationalität zunehmend größerer Emotionalität, Herzlichkeit und Personorientierung weicht, dass (c) Nähe eine „Herzenssache" und nicht von Zweckrationalität bestimmt ist. Die Annäherung erfolgt Schritt für Schritt in den Stufen

1. neutrales Verhalten zu Beginn
2. schrittweises Sichnäherkommen mit zunehmender emotionaler Öffnung
3. Freundlichkeit bis Herzlichkeit.

Das Annäherungsverhalten Deutscher durchläuft folgende Stufen:

*Umgang mit Fremden:*

Fremden gegenüber verhalten sich Deutsche reserviert, neutral, formell. Oftmals zieht man sich auf die reine Sachebene zurück und agiert ausschließlich aus der (z. B. beruflichen) Rolle. Das wird von Tschechen als kalt erlebt, als steif, als verschlossen oder mangels Lächeln und „menschlicher Note" als schlecht gelaunt. Höflichkeitsfloskeln sind oft reine Höflichkeit ohne den Anspruch, näher aufeinander zugehen zu wollen.

*Umgang mit Bekannten / Kollegen:*

Die Reserviertheit der Deutschen geht etwas zurück. Das Benehmen ist freundlicher und entgegenkommender. Man ist z. B. jetzt bereit, auf Anfrage im Rahmen seiner Befugnisse und Möglichkeiten zu helfen. Man hält aber immer noch Abstand und zeigt keine Gefühlstiefe. Man agiert immer noch vornehmlich aus seiner Rolle und wird kaum auf die Idee kommen, informelle oder gar private Settings mit Menschen dieses Nähegrades aufzusuchen. Geschäftliche Verpflichtungen, die über die Bürozeiten hinausgehen, werden nämlich als „Opfern von Freizeit" aufgefasst. – Im Büro ist diese Ebene vielfach der „normale Umgangston". Das deutsche „Sie" ist die korrekte, verwendete Anredeform. Meist sagt man „Sie" zu Bekannten, erst gute Bekannte und Freunde duzt man. Man hält sich an seine Rollen und verhält sich korrekt, wenngleich durchaus freundlich. Auch Kunden werden so, d. h. zwar höflich, aber doch „distanziert" behandelt: Aufdringlich zu sein, könnte den Verlust des Kunden bedeuten. Prinzipiell ist es auf dieser Ebene möglich, mit Kollegen zusammenzuarbeiten, die man nicht besonders mag. Das ist nicht angenehm, aber man hält sich zurück, besinnt sich auf das zu erzielende Ergebnis und hält eben soviel Abstand wie möglich.

Auch Chef-Mitarbeiter-Beziehungen bewegen sich üblicherweise auf diesem Distanzlevel. Und hier erhält die Anrede per „Sie" eine wesentliche Bedeutung: Mit ihr wird die Aufgabenorientiertheit sichergestellt, weil verhindert werden soll, dass sich Privates und Berufliches vermischen. Bei einem „Näherkommen" fiele die Distanz und Führen erschiene dann aus deutschem Verständnis schwieriger. Denn Freundschaftlichkeit oder Herzlichkeit ist nun mal im deutschen Kontext ganz klar im Privatbereich angesiedelt und verpflichtet zu einer Berücksichtigung persönlicher und emotional motivierter Belange. Das würde daher zwangsweise den Chef darin einschränken, seinen Mitarbeitern das sachlich Optimale abzuverlangen und den Mitarbeiter dazu ermutigen, sich dem Chef gegenüber „mehr herauszunehmen", d. h. weniger strikt die Erfordernisse der Rolle als vielmehr eigene (momentane) Befindlichkeiten im Auge zu haben.

*Umgang mit „guten Bekannten“ und Freunden:*

Einen qualitativen Sprung im Verhalten Deutscher stellt das Vordringen in den Kreis der *guten Bekannten* dar. Er ist schlagwortartig so zu charakterisieren:

Man hat sehr bewusst ausgewählt, mit wem man sich weiter einlässt und anfreundet. Das sind durchwegs Menschen, mit denen man sich gut versteht und die man gerne mag. Nun ist auf jeden Fall das „Du" angesagt. Jetzt offenbart man zunehmend seine individuellen Belange – also seine Einstellungen, Haltungen, Probleme, kurz seine Persönlichkeit. Nun vereinbart man Treffen in seiner Freizeit (dieses „Privileg" erhalten nur gute Bekannte und Freunde). Gastfreundschaft, Beziehungsorientierung, private Hilfsbereitschaft und Emotionalität ist angesagt. Kleine, freundschaftliche Berührungen oder Umarmungen zur Begrüßung und zum Abschied sind durchaus üblich und unterstreichen die Nähe. Zu diesen Menschen herrscht eine Vertrauensbeziehung, die verpflichtet, ihnen bei Schwierigkeiten beizustehen.

Die Steigerungsform einer *Freundschaft* bedeutet, dass man sich ganz – mit allen Gefühlen, Sorgen und Freuden – öffnet. Freundschaften sind mit Gefühlstiefe verbunden und langlebig. Wichtige Pflastersteine auf dem Weg dorthin sind ein gemeinsamer Horizont: ähnliche weltanschauliche Einstellungen, gemeinsame Interessen, ähnliche Erfahrungen. Eine Freundschaft ist emotional motiviert und eine reine Herzenssache, die von sehr viel gegenseitiger Sympathie getragen ist. Hier nach Vorteilen zu suchen (z. B. materiell, Beziehungen nutzend usw.), wirkt für die meisten tief verletzend. Die betroffene Person fühlt sich ausgenutzt und um „Liebe" betrogen.

Tschechen, die Deutsche nur beruflich kennen, schildern Verhaltensweisen, die wir dem Distanzgrad Bekannter / Kollege zuordnen. Sie erleben damit vorwiegend die Seiten „Beruf", „rational", „Rolle" und „formell" an Deutschen. Tschechen, die mit Deutschen Freundschaften eingegangen sind, kennen auch die anderen Seiten und schildern uns dann Deutsche, die sie als liebenswürdige und vertrauenswürdige Menschen erleben.

### *Vor- und Nachteile*

Die Vorteile der „Trennung von Persönlichkeits- und Lebensbereichen" liegen einmal mehr darin, eine deutsche Form zur Steigerung der Arbeitseffektivität darzustellen. Denn das, was beruflich, in der Rolle, rational, mit Leuten, zu denen wenig Verpflichtungen bestehen, getan werden muss, kann konzentriert „durchgezogen" werden, weil es eine Kompensation in anderen Bereichen gibt.

Und ein großer Nachteil ist damit bereits ebenfalls angesprochen: Das System ist hart für die, die eben kein „Nest" zum Auftanken haben.

Eine weitere Gefahr in dieser Lebensform der Trennung von Lebensbereichen liegt darin, dass sie mitunter zu weit geht und die Authentizität einer Person bedroht. Tschechen erscheint denn auch diese Diskontinuität im Verhalten Deutscher als Falschheit. Und Deutsche selbst beklagen nicht selten eine gewisse Einseitigkeit und Unintegriertheit ihrer deutschen Zeitgenossen.

## *2.5.2. Der tschechische Kulturstandard „Diffusion von Lebens- und Persönlichkeitsbereichen"*

Tschechen zeigen deutliche Merkmale der Diffusion.

### *Emotional + rational*

Gefühle, Empfindungen, Stimmungen sind auch im Geschäftsleben spürbar. Der Anspruch, dass hier Rationalität dominieren sollte, besteht weit weniger ausgeprägt als in Deutschland. So sind beispielsweise Entscheidungen oft von emotionalen Kriterien motiviert und die rationalen stehen klar erkennbar hintan. Die Fragen nach dem Nutzen für die eigene Person, nach dem zu erwartenden Wohlbefinden oder nach den potentiellen Geschäftspartnern können die Fragen nach den rationalen Vor- und Nachteilen und der sachlichen Zweckmäßigkeit deutlich auf die zweite Stelle verweisen. Grundsätzlich kann gesagt werden, dass emotional gefärbte Begründungen und Argumente mit rationalen gemischt werden und dasselbe Gewicht haben. Doch das wird nicht als störend, sondern als wichtig und „ganz normal" empfunden. So bewegt auch manches, was Deutsche als konstruktive Sachauseinandersetzung wahrnehmen, aufgrund derer man bereits aufeinander zugehen könnte, Tschechen noch nicht zu Kompromissen, wenn ihr Gefühl noch skeptisch ist. Dann wird ihnen Dickköpfigkeit nachgesagt und sie selbst bestätigen, dass das mitunter stimmt.

Beleidigtsein und Sich-beleidigen spielt in den Beziehungen am Arbeitsplatz eine große Rolle. So vieles, was für deutsches Empfinden inhaltlich klar der Sachebene angehört und daher mit dem Persönlichkeitsbereich „Rationalität" bearbeitet werden kann, verletzt in Tschechien die Gefühle der Person.

Die Vermischung dieser Sektoren hat u. a. zur Konsequenz, dass es für Tschechen sehr schwierig ist, Kritik und Konflikte zu handeln. Man fühlt sich nämlich stets als gesamte Person betroffen und reagiert dann entsprechend. Wie mit Konflikten unter diesen Umständen umgegangen wird, dem widmen wir einen eigenen Kulturstandard (vgl. 2.7.).

### *Beruf + privat*

Im Einklang mit der hohen Personorientierung nehmen sich Tschechen mehr Zeit für die Kontaktpflege während der Arbeit. Dabei beschränken sich die Gespräche aber keinesfalls auf berufliche oder berufsnahe Themen, sondern umfassen alles, was die Personen gerade bewegt. Mit Geschäftspartnern geht man natürlich essen – notfalls auf eigene Rechnung. So viel Zeit und Geld muss vorhanden sein.

Während der Arbeitszeit wird nicht immer voll konzentriert geschuftet, sondern man gönnt sich auch Erholungszeiten. Dafür nimmt man sich u. U. aber auch Arbeit mit nach Hause oder in den Urlaub, weil man sein Pensum nicht geschafft hat. In der Freizeit spricht man sehr viel über die Arbeit und nutzt sie zu beruflich dienlichen (informellen) Kontakten.

Überhaupt ist es üblich, Freundschaftskontakte beruflich zu nutzen und Bekanntschaften vom Beruf mit ins Privatleben zu nehmen. Es ist somit für einen Deutschen ratsam, gute (private) Kontakte zu Schlüsselpersonen im Berufsleben aufzubauen, um sich eine wesentliche Voraussetzung für Kooperation zu schaffen.

### *Rolle + Person*

Soziale Rollen werden als einengend empfunden, als zu wenig. Man trifft doch auf ganz konkrete Menschen, nicht auf reine Funktionsträger – betonen Tschechen. Die „Persönlichkeit" ist daher ausschlaggebend für die Art, wie man sich selbst benimmt. Und die Persönlichkeit des Gegenübers ist ausschlaggebend für die Zukunft der potentiellen Kooperation.

So gibt man seiner beruflichen Rolle eine individuelle Note – mit all seinen positiven und negativen Seiten als Person, also seinen Eigenarten, Vorlieben, Abneigungen usw. Die Stimmungsschwankungen, Sorgen, Freuden der Person hinter der Rolle sind deutlicher spürbar. Persönliche Meinungen gelten als durchaus legitime Diskussionsbeiträge und gehen in die Entscheidungen mit ein.

Mancher erlaubt es sich auch, seine Rolle beizeiten zu verweigern und nicht zu tun, was aufgrund der Rolle erwartet werden würde. Man huldigt dem Motto: „Ich bin eben so. So muss man mich nehmen." Für manche Tschechen besteht im Chefsein allein der Reiz der Position („Ich bin wichtig"), sie vergessen fast zu arbeiten. Bei vielen Entscheidungen sieht man nicht nur die Sache, sondern bedenkt seine persönliche Situation mit. Andererseits sind Tschechen auch eher einmal zur Überschreitung ihrer Kompetenz bereit und tun mehr, als sie gemäß ihrer Rolle tun sollten, wenn sie hoch motiviert sind.

In Präsentationen und Vorträgen schätzt man es, wenn die Person des Redners durchschimmert. Eine Mischung aus persönlichen, sachlichen und lustigen Passagen kommt besonders gut an.

Im Chef-Mitarbeiter-Verhältnis fällt auf, dass viele (gute) tschechische Chefs mit ihren Mitarbeitern per Du sind und mit ihnen ein sehr kameradschaftlich anmutendes Verhältnis pflegen. Die hierarchischen Grenzen erscheinen in dieser Hinsicht nicht so scharf gezogen wie bei Deutschen, denn man ist sich „menschlich" näher. Die Beziehungen zwischen einem Chef und seinen Mitarbeitern sollen gut sein: So liebt man es, beispielsweise miteinander zu trinken und zu feiern. Lässt sich ein Chef auf diese Beziehungsebene nicht ein, dann muss er schon sehr großes Fachkönnen haben, um anerkannt zu sein. Nur dann verzeihen ihm seine Mitarbeiter dieses „schlechte" persönliche Verhalten. – Diese „menschliche" kollegiale Ebene beeinträchtigt aber nicht den Respekt vor der Position!

Tschechen empfinden Kontakte mit Deutschen anstrengend, weil sie das Gefühl haben, sich immer kontrollieren zu müssen und Verhalten nur innerhalb gewisser, durch die Rolle gesetzter Grenzen zeigen zu dürfen.

### *Formell + informell*

Tschechen vermischen außerdem formelle und informelle Strukturen. Die formellen Strukturen sind für sie dabei das, was bis zu einem gewissen Grad natürlich das gesellschaftliche Miteinander repräsentiert, aber das „Eigentliche" spielt sich für sie informell ab. Und den permanenten Wechsel zwischen diesen beiden Ebenen, müssen Deutsche erst verstehen und „mitspielen" lernen.

Man genießt zum einen die angenehmere Atmosphäre im jeweiligen informellen Rahmen und erlebt diese Begegnungen als Möglichkeit, gute Beziehungen zueinander zu haben und zu pflegen.

Zum anderen findet hier die tschechische Form von Mitbestimmung statt, denn hier „redet man miteinander", hier spricht man sich ab, hier herrscht weit reichende Offenheit im Meinungsaustausch. Und als Führungskraft sucht und findet man hier Unterstützung zur Durchsetzung von Entscheidungen, zur Verfügbarmachung von Ressourcen, zur Gewinnung und Ausübung von Macht. In den informellen Kanälen werden nämlich die Meinungen der Mitarbeiter erfragt und ausgelotet; hier lassen sich Vorbehalte klären und die Zustimmung zum jeweiligen Vorhaben erwirken. Konfrontationen oder Konflikte bei offiziellen Sitzungen lassen sich somit vermeiden, weil ein (guter) tschechischer Vorgesetzter sich in den informellen Gesprächen bereits ein Bild von den Einstellungen seiner Mitarbeiter machen, ihre Vorbehalte minimieren und sich ihre Zustimmung zu seiner Idee holen konnte. Und diese Unterstützung seiner später geäußerten offiziellen Entscheidung verhindert möglichen späteren Widerstand. Die informellen Vereinbarungen sind somit auch wichtiger als das, was in formellen Meetings geschieht. Das ist quasi nur noch der Vollzug dessen, was man vereinbart hat.

Entscheidungsfindungsprozesse laufen in Tschechien charakteristischerweise so: In informellen Kanälen werden Entscheidungen vorbereitet. Entscheidungen werden dann „formell" auf der entsprechenden Hierarchiestufe getroffen. Offizielle Gruppensitzungen sind nicht kontrovers, da die entscheidenden Punkte informell vorbesprochen wurden. Probleme werden in informellen Gesprächen zu bereinigen versucht. – Offiziell kann es den Anschein haben, dass sie tot geschwiegen werden. Auch eine Verhandlung, eine persönlich wichtige Entscheidung, die Klärung einer drängenden Sachfrage wird als einfacher, schneller und angenehmer erlebt, wenn man „bei einem Bierchen" zusammensitzt.

Formelle Kommunikations- und Informationsstrukturen, wie z. B. das Berichtswesen, werden vor allem bei Konflikten, Störungen, Kämpfen eingeschaltet. Wenn alles gut läuft, dann braucht es sie nicht – so die Einstellung. Dann kann man ja „miteinander reden".

Kurzum: Informell gesagte Informationen sind daher genauso wichtig wie formell geäußerte. Außerdem rechnet man ja damit, dass die formellen Kanäle nicht gut funktionieren.

Außenstehenden erscheinen die informellen Kontakte wie „Geheimzirkel" oder „Seilschaften". Umso mehr als sie quer durch die Hierarchiestufen, Abteilungen, Firmen, Parteien und weltanschauliche Gruppierungen gehen, denn überall hat man seine Kameraden und Freunde. Somit sagen Deutsche den Tschechen ein ausgeprägtes „Vitamin B" nach. Und Tschechen verfügen auch faktisch über ein weit größeres informelles Beziehungsnetz, als das für Deutsche normalerweise der Fall ist. Diese Verbindungen und Kontakte pflegen sie und wenn das nur durch eine weihnachtliche Grußkarte geschieht. Man weiß nie... Alleine schon solche lockeren Kontakte eröffnen Tschechen untereinander viele Chancen. Sie reichen bereits als Basis aus, um sich gegenseitig (kleine) Gefallen zu tun.

Der informelle Weg erweist sich in vielerlei Hinsicht als der goldene:

- Der berufliche Aufstieg hängt nicht selten von Beziehungen ab, d. h. von Kontakten innerhalb der Firma oder Branche. Auch Seniorität spielt eine große Rolle.
- Größere Aktionen laufen in der Regel über „Vitamin B", d. h. über Bekannte oder über Personen in höheren und jeweils nützlichen Positionen oder über eindeutig ausgewiesene Vermittler.
- Auch mit Behörden und „offiziellen Stellen" sind über entsprechende Kontakte manche Arrangements zu erzielen. Die Personen sprechen miteinander und finden häufig eine Lösung, die sowohl den offiziellen Auflagen entspricht wie auch dem konkreten Anliegen entgegenkommt.
- Freundschaften werden im Geschäftsleben offen genutzt. (Deutsche fühlen sich u. U. „ausgenutzt".)

### *Distanzregulierung*

Auch Tschechen differenzieren sehr klar zwischen Menschen verschiedener Bekannt- und Vertrautheitsgrade. Das unterscheidende Merkmal zu den Deutschen besteht dabei darin, dass innerhalb dieser verschiedenen Nähegrade aber weit mehr Diffusion herrscht. Diese Diffusion irritiert Deutsche zunächst einmal zu Beginn der Bekanntschaft, weil sie hier Verhaltensweisen erleben, die sie nicht kennen (Misstrauen) oder selbst erst später zeigen (emotional, persönlich, informell).

Das Kennenlernen zu Beginn erfolgt in folgenden Stufen:

1. Vorsicht, Zweifel und Misstrauen gegenüber jedem Fremden ist grundsätzlich die Eingangsbedingung. Man verhält sich reserviert, abwartend und bedächtig gegenüber unbekannten und wenig bekannten Personen. Tschechen werden als introvertiert erlebt, die einige Zeit brauchen, bis das Eis schmilzt. Die Ignoranz Fremder und die Zurückhaltung gegenüber Fremden ist noch ausgeprägter als in Deutschland (z. B. Zurückhaltung mit Gruß). Das Misstrauen hat seinen Grund: Man will sich nicht betrügen lassen. Alles zu prüfen, gilt als überlebenswichtig. Informationen nur spärlich zu streuen ebenso. Man vermutet zunächst einmal, über den Tisch gezogen zu werden. Jemandem einfach Vertrauen zu schenken, das gilt als naiv.

2. Die „emotionale Beurteilung" neuer Bekannter und neuer Situationen führt nun zu Zugang oder Distanzierung: Bei spontaner Sympathie wird der Kontakt aber schnell emotionaler, freundlich, offener. Man dringt in eine erste Schale der Persönlichkeit ein. Und dieser Kontaktschluss kann wesentlich schneller gehen als in Deutschland. So duzen sich Kollegen grundsätzlich. Im großen Unterschied zu Deutschen ist dies jedoch keine derartige Sympathiebekundung, dass man auf eine sich anbahnende Freundschaft schließen könnte. Man ist ein Bekannter oder ein Kollege – aber nicht mehr. Gelebt wird nun eine Form von Warmherzigkeit und Aufmerksamkeit, die sich für Deutsche freilich bereits mindestens wie eine gute Bekanntschaft anfühlt. – Entsteht keine Sympathie, dann ist eine Distanzierung zu spüren. Der innere Abstand wird als mehr oder weniger deutlich empfundene Ablehnung erlebbar. Anzeichen dafür sind Ausreden aller Art und ein weiterhin sehr zurückhaltender, vorsichtiger Interaktionsstil.

3. Vertrauen bei Nähe: Vom Stadium des Bekannten / Kollegen aus hat man sich weiter „vorzuarbeiten". Das Herstellen weiterer Nähe dauert seine Zeit. Jetzt gilt es nämlich vom Bekannten zum Kameraden und evtl. zum Freund zu werden. Entscheidend für diesen weiteren, möglichen Vertrauensaufbau ist, ob die Personen dann miteinander positive Erfahrungen machen.

Wie gesagt, nicht die Abstufung irritiert Deutsche, sondern die bleibende Diffusion: Tschechen schalten nämlich auch im Stadium von Freundschaft keineswegs nur auf „privat" um, sondern verfolgen munter ihre geschäftlichen Interessen in der Freundschaft weiter. Somit bleibt in etlichen Kontakten für Deutsche ein mehr oder weniger ausgeprägtes Gefühl bestehen, „ausgenutzt" zu werden. D.h. es ist für sie nicht klar auszumachen, ob die bestehende Beziehung auf Sympathie beruht und damit eine „Herzenssache" ist oder ob die freundschaftliche Beziehung zu ihnen sich nicht (auch) aus Motiven des eigenen Vorteils nährt. Deutsche trennen die beiden Bereiche klar, für Tschechen stellt sich diese Frage so nicht. – Dazu kommt erschwerend hinzu, dass Tschechen ihre Beziehungen nicht explizit benennen und gestalten, sondern „nur" leben, so dass Deutsche ein Feedback weithin vermissen (vgl. dazu 2.6.: starker Kontextbezug der Kommunikation und 2.7.: Konfliktvermeidung).

***Vor- und Nachteile***

Die Stärke des tschechischen Musters der Diffusion liegt wiederum im „menschlicheren" Klima des Umgangs miteinander: Der Ton ist „weicher". Und in der spürbaren und gelebten Freundlichkeit, denn die Konzentration auf die reine Rolle wäre Tschechen zu wenig und macht ihnen diejenigen, die sich auf ihre Rolle beschränken, suspekt.

Ein Nachteil liegt darin, dass Tschechen immer alles persönlich nehmen (vgl. auch 2.2.4.: Diffusion): ein kritisches Wort kann leicht beleidigend wirken oder schlechte Laune kann zu Mutmaßungen verleiten, ob die tschechische Seite irgendetwas falsch gemacht hat. Ein weiterer Nachteil darin, dass „Menschlichkeit" auch immer Negatives inkludiert: Neid, Missgunst, Intrigen, Ausspielen von anderen oder Ausreizen des individuellen Spielraums für Eigeninteressen etc. Zum Dritten wirkt Verständnis, Rücksicht, Einfühlsamkeit in die Mitmenschen einer harten, fordernden Gangart entgegen und verhindert die Einlösung manchen Anspruchs an Effizienz.

### *2.5.3. Die Dynamik des Kulturstandstandardpaars „Trennung – Diffusion von Persönlichkeits- und Lebensbereichen"*

Wie geschildert, ist für viele Tschechen das Muster „Diffusion" grundlegend. Aber es gibt eine ganz entscheidende Ausnahme: Informelles wird zwar formell wirksam, aber es wird stets diskret und vertraulich behandelt! Und ein u. U. nicht mehr gut zu machender Konflikt kann heraufbeschworen werden, wenn Deutsche die Diffusion überinterpretieren und diese Grenzziehung nicht beachten. Informelles bleibt nämlich informell insofern, als dass auf der formellen Ebene nie ausdrücklich auf das Informelle Bezug genommen werden darf. Vielmehr bedient man sich dessen geflissentlich, aber wortlos in seinem Handeln auf der formellen Ebene. Tun Deutsche das nicht, machen sie sich des Vergehens der Denunziation schuldig. Man sagt nicht implizit oder explizit, welche Information man von wem woher hat! Für Deutsche wäre das nur dann klar, wenn explizit hingefügt würde: „Das sag ich dir im Vertrauen. Behalt's für dich."

Zu den Deutschen ist generell zu sagen, dass die Trennung in die verschiedenen Sphären umso klarer aufrechterhalten wird, je weniger man einer Person verbunden ist und die Grenzen umso verschwommener sind, je näher man jemandem steht. Die „Trennwände" werden umso dünner, je mehr man sich dem Persönlichkeitskern annähert.

Dieser Kulturstandard operiert aber in sich mit polaren Begriffen. Und auf diesen Ebenen sind es die Deutschen, die viel ausgeprägteren Schwankungen unterliegen:

- Die Startposition im beruflichen Kontext heißt immer: Man begegnet sich in der Arbeit (nicht privat), betont seine Rationalität (nicht die Emotionalität), hält sich korrekt an seine Rolle (ohne ausgeprägte persönliche Note) und an die formelle Struktur.

- Im Prozess des Kennenlernens und Sich-Anfreundens mit einer Person, wechselt man tendenziell jedoch auch den Pol: Der Kontakt wird privat, mehr Emotionalität gewinnt Raum, die Persönlichkeit wird sichtbar in allen Schattierungen, informelle Settings und Strukturen bilden sich heraus. Der fundamentale Weg zwischen den lutherischen Bereichen „äußere Öffentlichkeit" und „private Innerlichkeit" wird beschritten und man kommt an den Polen „privat", „emotional", „Person", „informell" an.

Trotzdem gibt es immer wieder eine Verschiebung der Gewichtung:

- Wenn man einen Freund am Arbeitsplatz trifft, konzentriert man sich auf die Arbeit; wenn man sich privat trifft, auf Privates.

- Den Freund werden manche in einer offiziellen Besprechung evtl. sogar wieder siezen, um zu zeigen, wie ernst sie ihre Rolle nehmen und dass sie sich keinesfalls informell „verwickeln" lassen.

- Sobald es um eine Sache geht (z. B. bei privaten oder beruflichen Problemen, bei Entscheidungen), bezieht man wieder Position beim Pol „rational" und überlegt und argumentiert „vernünftig".

- In allen Stadien bemühen sich Deutsche – gemäß dem Muster Trennung – um die Ausgewogenheit der Beziehung und das Vermeiden von ungleichgewichtigen Abhängigkeiten. So schenkt man sich z. B. nur zu bestimmten Anlässen etwas; selbst Freunde zahlen ihre Rechnungen getrennt, wenn es sich nicht um eine eindeutig ausgesprochene Einladung handelt. Andernfalls hat man das Gefühl, in ungewisse Verpflichtungen zu geraten oder den anderen „auszunutzen".

Zudem müssen ein paar Einschränkungen gemacht werden:

- Besteht kein vertrauensvolles Klima, in dem sich Deutsche sicher fühlen, dann geben sie sich keine Blöße, geben keine Schwächen und Unzulänglichkeiten zu, sondern bemühen sich, ein starkes und korrektes Bild von sich abzugeben (Rolle).

- Es gibt auch in Deutschland „Vitamin B". Doch vielfach ist man sehr bemüht, um einen offenen Wettbewerb, bei dem auch „Outsider" eine faire Chance erhalten.

### *2.5.4. Beispiele*

Ein deutscher Manager ist als Expatriate inzwischen bereits 8 Monate in Tschechien. Er ist mit seinem überwiegend tschechischen Vertriebsteam auf einem Workshop und bittet dort im Rahmen einer Übung seine Mitarbeiter um ein Feedback. Die anwesenden Tschechen schweigen eisern und beharrlich. Auch auf sein Nachfragen hin. Er bittet noch einmal eindringlich, dass sich doch gerade auch die Tschechen äußern möchten, er möchte doch so gerne ein gutes Verhältnis auch zu ihnen und dafür sei ihr Feedback entscheidend. Schweigen. Nach ein paar intensiven Sekunden sagt eine tschechische Managerin: „Aber Herr M., was sollen wir denn sagen? Wir kennen Sie doch so gut wie nicht, Sie sind doch erst 8 Monate hier.“ Herr M. schluckt und meint, dass 8 Monate doch nicht so wenig seien. Irgendetwas könnten sie doch sicher über ihn und seinen Führungsstil sagen. Schweigen. Jetzt antwortet wieder dieselbe tschechische Managerin: „Ja, jetzt fällt mir etwas ein. Als wir vor 6 Wochen in unser neues Büro umgezogen sind, sind Sie am Samstag mit Ihrer Familie in diese neuen Räume gekommen und haben sie Ihren 3 Söhnen und Ihrer Frau gezeigt. Sie wussten nicht, dass ich auch da war. Aber ich hörte, wie Sie voller Stolz Ihr Büro hergezeigt haben, wie Sie den Kindern erklärt haben, was Sie hier machen und wie Sie hier arbeiten. Und Sie haben wirklich positiv über alles und alle gesprochen und Sie haben wirklich freundlich mit Ihren Kindern geredet. Das hat mir gefallen.“ Daraufhin meldet sich ein anderer tschechischer Mitarbeiter zu Wort: „Stimmt, ich habe Sie einmal im Park mit Ihrem kleinsten Sohn gesehen. Auch da waren Sie sehr liebevoll mit ihm. Sie haben mich nicht gesehen, aber ich hatte den Eindruck, Sie sind ein guter Mensch.“ Herr M. bedankt sich für diese zwei Äußerungen und fragt, ob man ihm vielleicht auch zu seiner Arbeit etwas rückmelden könnte. Doch er bekommt wieder zur Antwort: Da könne man nichts sagen, da habe man noch zu wenig Erfahrung mit ihm. – Wie bitte? fragt sich Herr M., nach 8 Monaten? Wie ist das erhaltene Feedback zu deuten?

Nun ja, Herr M. war zwar schon 8 Monate im Amt, doch es ist durchaus möglich, dass er seinen Mitarbeitern bislang nur seine offizielle, formelle Seite gezeigt hat, das heißt, seine rollenkonforme Fassade. Was sich dahinter verbirgt, wie Herr M. „in Wirklichkeit“ ist, das erfuhren sie bislang nicht. In dieser Hinsicht sind Tschechen tendenziell misstrauisch: Sagen kann jemand viel, spielen kann jemand perfekt; doch vertrauen kann man einem Menschen erst, wenn man weiß, dass er keine Show abzieht. Und die einzige Umgebung, in der man sicher sein kann, dass jemand so ist, wie er ist, und dass jemand es wirklich gut meint, ist dessen eigene Familie. Insofern bezog sich das sehr aufrichtig gemeinte Feedback auch auf zwei Situationen, in denen Herr M. sich im Kreis seiner Familie unbeobachtet wähnte. Weil in tschechischen Augen eine Person eben die Person ist, die sie ist, und ihr Privatleben mit dem Berufsleben zusammenhängt, kann in einer Situation, in der diese Person sich sicher nicht verstellt, eine Prüfung der Gesamtpersönlichkeit vorgenommen werden quer durch ihre verschiedenen Lebensbereiche. Auf mehrere derartige Prüfungen kann man dann sein Urteil bauen.

Im Kontrast dazu stehen Erfahrungen dergestalt:

Ein deutscher Manager führt ein Personalgespräch mit seinem tschechischen Mitarbeiter. In dieses packt er all das, was er diesem Mitarbeiter sagen kann und will. Und als guter Deutscher liegt sein Schwerpunkt natürlich auf Kritikwürdigem und auf Verbesserungspotential, nicht auf Lob und Anerkennung. Für den Tschechen ist das Gespräch nur schwer erträglich, so setzt es ihm zu. Kaum ist das Gespräch vorbei und der ihm zugrunde liegende Personalbogen ausgefüllt, hellt sich die bislang ernste Miene des deutschen Managers auf und er schlägt dem tschechischen Mitarbeiter vor, doch gemeinsam zum Mittagessen zu gehen. Dem ist nicht nur der Appetit vergangen, sondern der ist nun komplett konsterniert, wie schnell sein Chef umschalten kann von der Rolle des strengen Chefs zu der freundlichen Person, als die er ihn durchaus auch kennt. Hätte er sich nicht auch während des Gesprächs rücksichtsvoller und einfühlsamer zeigen können? Kritisches mit Positivem verbinden? Manches behutsamer erklären, wieso er was wie erlebt hat? Manch Unbedeutendes unerwähnt lassen? Schon damit wäre er seiner tschechischen Erwartung an eine gute („diffuse“) Führungskraft nahe gekommen.

### *2.5.5. Zusammenfassung und Empfehlungen*

<table>
<tr><th>Diffusion von Lebens- und Persönlichkeitsbereichen<br>(CZ)</th><th>Trennung von Lebens- und Persönlichkeitsbereichen<br>(D)</th></tr>
<tr><td>Folgende Bereiche sind nicht getrennt, sondern stets gleichzeitig aktiviert:<br>• Emotionalität und Rationalität<br>• Beruf und privat<br>• Rolle und Person<br><br>Stets werden formelle und informelle Strukturen bedient:<br>• Mitbestimmung / Entscheidungsfindung findet informell statt<br>• informelle Vereinbarungen sind wichtiger</td><td>Folgende Bereiche sind getrennt:<br>• Emotionalität versus Rationalität<br>• Beruf versus privat<br>• Rolle versus Person<br>• formelle versus informelle Strukturen</td></tr>
<tr><td>Das hat beispielsweise folgende Konsequenzen:<br>• Diffusion gilt als Synonym für Ehrlichkeit und Authentizität<br>• überzeugen muss man auf der emotionalen Ebene<br>• jede Kritik wird persönlich genommen<br>• hohe Wertschätzung eines „menschlichen“ Verhältnisses zu Kollegen und Chef</td><td>Das hat beispielsweise folgende Konsequenzen:<br>• man arbeitet in der Arbeit und „lebt“ in der Freizeit<br>• weniger Smalltalk und Kontakt in der Arbeit<br>• wenig Emotionen im Beruf, dafür korrekt, distanziert<br>• die normale Arbeit, fast alle wichtigen Infos und Entscheidungen laufen in formellen Strukturen<br>• Distanzregulierung<br><br>Ausnahme: negative Emotionen bei Unzufriedenheit (das erscheint sachlich legitim)</td></tr>
</table>

**Empfehlungen für Deutsche, die mit Tschechen arbeiten:**

1. Seien Sie freundlich und höflich. Nicht nur korrekt. Seien Sie etwas weniger distanziert, etwas lockerer, persönlicher. Ihre Rolle perfekt zu spielen beeindruckt nur, wenn Sie sie etwas mit zusätzlicher persönlicher Note versehen. Das kann eine menschliche Geste, eine lockere Bemerkung oder etwas Humor sein – je nachdem, was zu Ihnen passt. Sie dürfen ja gerne Ihre Rolle spielen, aber bitte ohne Maske!

2. Lassen Sie Tschechen auch Ihre anderen Seiten spüren, indem sie zumindest davon erzählen oder sie auch mal zeigen. Sie ist es, die Sympathien wecken kann und damit für Tschechen die notwendige Beziehungsbasis schaffen kann. Authentizität ist der Schlüssel für vertrauensvolle Zusammenarbeit. Ein stromlinienförmiger Karrierist bewirkt das Gegenteil.

3. Seien Sie aufmerksam gegenüber Ihren unmittelbaren Partnern. Merken Sie sich Dinge aus dem Leben Ihrer Mitarbeiter und Kollegen und nehmen Sie daran ein bisschen Anteil. – Genießen auch Sie vice versa die Freundschaftlichkeit, wenn sie Ihnen entgegengebracht wird.

4. Helfen Sie, wenn Sie um Hilfe gebeten werden – auch bei privaten Problemen.

5. Veranstalten Sie auch einmal etwas außer dem üblichen Arbeitsalltag. Oder regen Sie dazu an. Oder laden Sie mal ein oder unterstützen Sie mal jemanden in einer Sache, in der er es brauchen kann.

6. Halten Sie viel Kontakt zu den Tschechen, mischen Sie sich mit ihnen. Damit können Sie ein Abdriften in rein tschechische Gruppen verhindern, die sich gegenseitig darin bestätigen, dass die Ansprüche der Deutschen Mist sind. Zwingen Sie sie zu einer Auseinandersetzung auf die freundliche, informelle, nette Tour.

7. Geben Sie manchmal etwas zusätzlich. Ein kleine Geste in Richtung positiver Überraschung erstaunt sehr positiv (ein kleines Geschenk, Sozialleistungen...).

8. Lernen Sie mit informellen Strukturen zu arbeiten. Sie müssen nicht alles wissen, zu Ihnen müssen nicht alle offen sein. Es genügt, wenn das die Leute tun, mit denen Sie unmittelbar zusammenarbeiten. Und vertrauen Sie darauf, dass diese dann ihre Netzwerke bedienen. Das Vitamin B oder ein Vermittler kann manchmal unentbehrlich sein.

9. Drängen Sie sich aber nicht in eine informelle Gruppe! Lassen Sie sich und den anderen Zeit! Zeigen Sie sich unterdessen hilfsbereit und an den Problemen interessiert.

10. Als Chef tschechischer Mitarbeiter müssen Sie diese gut kennen und durch informelle Gespräche viel wissen. Was Sie dort erfahren, ist allerdings vertraulich. Behandeln Sie das diskret! Geben Sie es nie preis und verwenden Sie es nicht zum Nachteil.

11. Das gilt übrigens für alle: Was man Ihnen informell / inoffiziell sagt, ist geheim! Sie können auf Basis dieses Hintergrundwissens handeln. Aber benutzen Sie es NIE offiziell und in formellen Kanälen! Das würde als Denunziation erlebt. Und es wäre das letzte Mal, dass man Ihnen etwas anvertraut.

**Empfehlungen für Tschechen, die mit Deutschen arbeiten:**

1. Sie irren, wenn Sie glauben, dass Deutsche nur diese „kalten Roboter" sind, als die Sie sie beruflich oft genug empfinden. Auch Deutsche verlieben sich ineinander, ziehen mit Hingabe ihr Kinder groß, sind einander treue Freunde und engagieren sich in vielerlei Weise karitativ und sozial. Nur ihr Herz hat eben vor allem in diesen genannten Bereichen seinen Platz und an anderer Stelle wird geschuftet, quasi um sich dann dieses Herz wieder leisten zu können.

2. Wenn Sie Kälte zu spüren bekommen, gehen Sie zunächst einmal davon aus, dass sie nicht Ihnen gilt. Mit einer großen Trefferwahrscheinlichkeit liegen Sie richtig in der Annahme, dass sich hier jemand korrekt verhalten will: beruflich verlässlich (Arbeit), sach- und zielorientiert (rational), seine Aufgabe ernst nehmend (Rolle), Strukturen einhaltend (formell).

3. Rechnen Sie damit, dass es länger dauert, bis Sie mit einem Deutschen Kontakt kriegen. Er muss erst warm werden. Glauben Sie es, diese Zeitspanne gilt nicht Ihnen persönlich!

4. Wenn Sie gemeinsame Veranstaltungen organisieren, laden Sie dazu auch Ihre deutschen Kollegen bewusst und nachdrücklich ein. Hier lassen sich Beziehungen installieren. Denn die Deutschen, die kommen, tun das in ihrer Freizeit und sind alleine dadurch schon offener, lockerer und ungezwungener.

5. Gewöhnen Sie es sich an, Ihnen wichtige Punkte im formellen Rahmen zu sagen (z. B. bei Besprechungen). Und zwar am besten dann, wenn Sie an der Reihe sind und Ihr Punkt auf der Tagesordnung steht. (Dass er darauf steht, dafür sorgen Sie bitte im Vorfeld, indem Sie ihn auf die Agenda setzen lassen). Dann werden Sie gehört und zur Kenntnis genommen. Informell Gesagtes geht unter! Denn hier gilt entweder das "Vertrauensprinzip", d. h. jemand hat mir etwas im Vertrauen gesagt und das darf ich nicht verwenden, wenn ich fair bin. Oder Deutsche registrierten einfach nicht, dass das Ihre Meinungsäußerung und Ihr Beitrag war (vgl. 2.6.: schwacher Kontextbezug der Kommunikation).

**Empfehlungen für Deutsche, die mit Tschechen arbeiten (Fortsetzung):**

12. Lassen Sie es zu, dass die Trennwände zwischen den Lebensbereichen dünner werden, deren Aufrechterhaltung Ihnen streng genommen viel Energie abverlangt: eine Schwäche zuzugeben, wirkt sympathisch, Emotionen menschlich, privates als zum Glück absolut unentbehrlich, informelles einigend und Vertrauen schaffend, persönliches öffnend.

13. Die Diffusion zwischen der formellen und der informellen Ebene bedeutet nicht, dass Sie am Abend mit den Tschechen essen gehen und am anderen Tag im Büro dann eben wieder arbeiten. Sie bedeutet vielmehr, dass Sie während der Arbeit immer wieder kurz aus Ihrer Rolle herausschlüpfen – durch eine nette Bemerkung, durch kurzes Plaudern, durch das Bemühen, Ihre Worte rücksichtsvoll und auf die jeweilige Person bezogen zu wählen. Und wenn Sie essen gehen, dann können Sie hier durchaus wichtige berufliche Themen in entspannter Atmosphäre ansprechen.

14. Missinterpretieren Sie Diffusion bitte auf keinen Fall so, dass Sie jetzt Ihre beruflichen Kontakte zu privaten Zwecken nutzen. Wenn, dann tun Sie das nur in den wenigen Fällen, in denen Hilfe wirklich nötig ist. Dieses Verhalten geht jetzt für Sie aber mit der Gegenleistung einher, dass auch Sie die privaten Belange Ihrer Mitarbeiter (z. B. familiäre Verpflichtungen) berücksichtigen müssen.

15. Tschechische Diffusion bedeutet, in jeder Richtung weniger extrem zu sein als Deutsche. Leben Sie daher Ihre Persönlichkeitsbereiche ebenfalls nur „schwach dosiert". (a) Wenn Sie sich auf der rational-sachlichen Schiene bewegen, verfolgen Sie Ihre Absichten nicht so stringent, ernsthaft, umfassend, wie Sie das von Deutschland her gewohnt sind. Begnügen Sie sich mit den Punkten, die Ihnen am wichtigsten sind und konzentrieren Sie sich auf diese. (b) Und wenn Sie sich auf der emotionaleren Beziehungsschiene bewegen, tun Sie das nicht mit der Intensität, mit der Sie einem Deutschen zuwenden würden. Sie laufen Gefahr, einer üblen Absicht verdächtigt zu werden (Was will der?), denn deutsche Emotionalität und Zuwendung erscheint Tschechen als „übertriebenes deutsches Theater". In beiden Fällen ist eine maximal mögliche Zurückhaltung die Richtung, an der sich ein Deutscher orientieren kann.

16. Eine besondere Schwierigkeit für Deutsche besteht darin, Tschechen von ihren guten Absichten zu überzeugen. Das dauert lange und kostet viel Überzeugungskraft. Seien Sie sich dabei bewusst: Informelle Wege sind jetzt nahezu unerlässlich, denn nur hier kann Vertrauen aufgebaut werden. Tschechen werden nur hier ehrlich und offen reden, nur hier eine Diskussion „erproben", nur hier eventuelle Fehler besprechen. Dabei müssen Sie zeigen, dass das alles keine negativen Konsequenzen hat.

## 2.6. Kulturstandardpaar: starker Kontextbezug der Kommunikation versus schwacher Kontextbezug der Kommunikation

| **Zentrale Frage:** |
|---|
| Wie kommuniziere ich? |

### 2.6.1. Der tschechische Kulturstandard „starker Kontextbezug der Kommunikation"

„Kontext" ist in der Kommunikationstheorie ein Fachbegriff, der tatsächlich wörtlich übersetzt „Zusammenhang" bedeutet. Er versucht zu erfassen, in welchem Zusammenhang eine explizit getätigte, verbale Aussage steht. Wer sagt was wie wann wo zu wem? unter welchen Bedingungen? was sind die Hintergründe für diese Aussage? was sind die Intentionen? – die Antworten auf diese Fragen liefern den Kontext einer Aussage. Generell können die Anteile des explizit und eindeutig Gesagten verschieden groß sein im Verhältnis zum Anteil der nichtsprachlich geäußerten, aber trotzdem wichtigen Botschaft: Man kann entweder den Kontext nicht formulieren, aber selbstverständlich mitmeinen oder man kann auch den Kontext zusammen mit seiner Aussage mit Worten erklären. – Soweit die grundlegende Theorie.

Kulturunterschiede beziehen sich nun darauf, für wie wichtig der Kontext von Aussagen gehalten wird und wie sehr er daher automatisch in jede Kommunikation miteinbezogen wird. Tschechen bedeutet der Kontext sehr viel und sie operieren mit ihm ständig, wohingegen Deutsche ihn meist vernachlässigen. Was heißt das?

Zunächst zweierlei:

1. Bei neuen Kontakten oder Situationen, die ihnen als solche *bewusst* sind, bemühen sich Tschechen eine gemeinsame Wissensbasis herzustellen, in dem sie zu dem, was sie sagen, auch gleich den Kontext erklären. Nur dann informieren sie ihrem Gefühl nach die andere Person „wirklich" und teilen mit ihr quasi alles Wissenswerte zu diesem Thema. Man sagt auch, sie stellen einen „gemeinsamen Kontext" her, und meint damit, dass das, was gesagt wurde, jetzt der gemeinsame Wissensfundus für die Zukunft ist.

2. Bestehen Kontakte schon längere Zeit, gehen Tschechen davon aus, dass der gemeinsame Wissensfundus = Kontext aufgrund gemeinsamer Erfahrungen gegeben ist, und nun nicht mehr erwähnt zu werden braucht. Sie begnügen sich jetzt an vielen Stellen mit Andeutungen, Hinweisen oder nonverbalen Signalen, wenn sie etwas ausdrücken wollen, und nehmen an, dass der andere das versteht und ohne weiteres treffsicher interpretieren kann, weil er ja über dasselbe Wissen verfügt. Tschechen sagen deshalb, sie drücken sich „schlauer" aus als Deutsche, denn sie müssen nicht alles, was sie mitteilen wollen, sagen. Man kann es der Situation durch genaue Wahrnehmung entnehmen.

Da dieser unterschiedliche Kommunikationsstil ein gravierendes Problem zwischen Deutschen und Tschechen darstellt, seien nun diverse Beobachtungen aufgelistet, die den tschechischen „starken Kontext" charakterisieren.

### *Indirektheit*

Tschechen benutzen mehr Andeutungen und Anspielungen oder vorsichtige Formulierungen. Sie beschreiben Dinge mehr, ohne sie direkt beim Namen zu nennen. Sie gehen nicht sofort auf den Kern einer Sache zu, sondern schicken viele Worte voraus und machen viele Worte „drumrum".

Deshalb ist auch Humor so wichtig, denn hier kann man Anspielungen und Andeutungen machen, vielleicht auch einmal heikle Dinge oder eine Kritik „unterjubeln" und alle lachen drüber. Und dieses Lachen nimmt den Stachel.

Ein tschechischer Argumentationsstil bei Meinungsverschiedenheiten ist von vielen Fragen gekennzeichnet. Man versucht durch Fragen, auf Schwächen einer Argumentation hinzuweisen und dadurch den Partner von einem anderen Standpunkt zu überzeugen.

### *Implizitheit*

Information wird nicht nur mit Worten übermittelt, sondern alle Kanäle sind wichtig: Körpersprache, Gesichtsausdruck, Tonfall, Augenkontakt, Sprechstil, Schweigen, sozialer Status, gemeinsame Freunde, Dauer der Beziehung sowie sämtliche Signale, die jemand in seinem Umfeld hinterlässt. Alle diese Signale müssen wahrgenommen, in den richtigen Zusammenhang gesetzt, entschlüsselt und richtig interpretiert werden, um verstehen zu können, was Tschechen mitteilen wollen. Der Anteil von Gesprochenem zu Signalen des Kontexts ist dabei unter Umständen so massiv zugunsten der Signale verschoben, dass sich explizit gesprochene Worte ganz erübrigen. So äußert sich Unzufriedenheit beispielsweise nicht in klaren Beschwerden oder in offenen, mehr oder weniger aggressiven Gesprächen (vgl. 2.7.: Konfliktvermeidung), sondern ist vom Verantwortlichen durch viele Signale des Kontexts zu erkennen. Gleichgültigkeit, wenig Interesse, „Abnicken" von Vorschlägen, Ausweichen und Verschieben von Gesprächen, Ungereimtheiten, fade Gesichter, Geschimpfe in Pausen, Nachlassen bei den Ergebnissen, weniger Engagement in informellen Strukturen usw. sind Führungskräften Anzeichen, die sie zu deuten haben. Und Zufriedenheit äußert sich oft schlicht darin, dass die Stimmung gut ist. Auch das bedarf keiner weiteren Worte.

Eine weitere Seite dieses Kulturstandards ist die Neigung der Tschechen zum Literarischen, zu Geschichten, zum Spielen, Inszenieren, zum Feiern, Zelebrieren und zu Ritualen. Diese Dinge sind eine wichtige Kommunikationsform, über die vieles transportiert werden kann.

### ***Vorsicht und Absicherung***

Aufgrund ihrer historischen Erfahrungen, oft nicht Herr im eigenen Land gewesen zu sein, weist der Kommunikationsstil „starker Kontext“ noch einen dritten Aspekt auf, denn er wurde noch von einer anderen Seite her verstärkt: der Angst, sich durch Aussagen zu gefährden oder durch die Aussagen anderer manipuliert zu werden. Die daraus resultierende Haltung beschreiben Tschechen für sich selbst so: „Mund zu – das ist am sichersten.“, und für die Einschätzung anderer so „Man kann viel sagen – auf die Taten kommt es an.“ *Indirektheit* ist somit für Tschechen einerseits eine gute Möglichkeit, etwas zunächst einmal versuchsweise anzudeuten und seine Wirkung zu testen. Andererseits wollen Tschechen zur Einschätzung eines anderen diesen Menschen erleben, beobachten, mit ihm Erfahrungen machen, fühlen, wie es sich an seiner Seite lebt usw. Aus dem *implizit* Gefühlten ziehen sie dann ihre Schlüsse, wie jemand ist, ob er vertrauenswürdig ist, und welche Reaktionen ihm gegenüber nun angemessen sein könnten. Indirektheit und Implizitheit dienen also auch der Sicherheit und der Absicherung.

Werden Tschechen mit dem deutschen Kommunikationsstil konfrontiert, dann fühlen sie sich oft im wörtlichen Sinn „konfrontiert”: Klare, eindeutige, direkte Fragen sind ungewohnt, oft unangenehm und können durch die Erwartung einer expliziten Antwort bedrohlich wirken.

Beginnen Tschechen die Aussagen Deutscher zu interpretieren, dann liegen sie oft schlicht falsch. Die Deutschen sagen exakt das, was sie sagen und meinen keinen Deut zusätzlich. Reagieren aber Tschechen auf das, was sie meinen, dass die Deutschen eigentlich sagen wollen, dann sehen sie sich plötzlich einem Konflikt gegenüber, weil sie in den Augen der Deutschen das Falsche tun.

Umgekehrt erleben Deutsche die Kommunikation mit Tschechen oft als sehr mühsam: Im Kontaktaufbau werden Tschechen als ausgesprochen introvertiert empfunden. Die Deutschen tun sich u. U. schwer, ihr Gegenüber einzuschätzen. Das tschechische Gefühlsleben scheint geringere und seltener beobachtbare Ausschläge nach oben und unten zu haben. Und dennoch sind Tschechen sehr sensibel, d. h. verletzlich, empfindlich, „zartfühlend”. Außerdem scheint es vorsätzlich, d. h. mit expliziten Botschaften und Fragen, kaum möglich zu sein, den Beziehungsaufbau zu beschleunigen und die Tschechen aus ihrer Reserve zu locken. Das, was Deutsche als Offenheit anbieten, trifft auf keine Resonanz.

Gerade in neuen Situationen hat die Ausführlichkeit, mit der der Kontext miterzählt wird, ebenfalls einen Sicherheitsaspekt: Die gegebenen Informationen legen Hintergründe, Absichten, Zusammenhänge und so weiter offen und geben ein Bild, wer die beteiligten Personen sind. Nur das versetzt jemanden in die Lage, die neue Situation einigermaßen einzuschätzen. Fehlen solche Erklärungen, tritt sofort Misstrauen auf den Plan. Insofern kann nicht genug betont werden, wie wichtig es ist, Tschechen für alles, was Deutsche von ihnen wollen, so viele Informationen wie möglich mitzuteilen. Solange nämlich Misstrauen besteht, ist keine Kooperation zu erwarten (vgl. 2.4.: personorientiertes Pflichtbewusstsein). Das ist auch der Grund, warum Tschechen viel fragen können und oft sehr bemüht scheinen, ein möglichst breites Verständnis von einer Aufgabe, einem Problem, einem Verfahren zu erlangen.

### *Vor- und Nachteile*

Der Kommunikationsstil des starken Kontexts hat zur Voraussetzung, dass alle Beteiligten denselben Kontext teilen. Vorteilhaft ist er daher innerhalb bestehender Gruppen und existierender Beziehungen, denn eine Verständigung ist schnell möglich. Mit jeder Verständigung werden die bestehenden Bande und die Grenzen gegenüber den Nicht-Dazugehörigen dann noch weiter gefestigt.

Starker Kontext ist allerdings – und darin liegt sein Nachteil – von vorneherein auf Vertraute beschränkt, die die indirekten Äußerungen und die Kontext-Signale nicht nur zu setzen, sondern auch zu deuten wissen. Und das ist eben mit Deutschen in aller Regel nicht der Fall. Es besteht vielmehr die Gefahr, dass mit diesem Kommunikationsstil das deutsche Vorurteil genährt wird, Tschechen sei nicht ganz zu trauen, sie seien ein bisschen falsch. Und zwar aus folgenden Gründen:

1. Wenn sich in Deutschland jemand so (undurchsichtig) verhält, dann ist das ein ziemlich untrügliches Zeichen dafür, dass er etwas zu verbergen hat und sich aus gutem Grund bedeckt hält. Ein anständiger und aufrichtiger Mensch kann seine Anliegen klar und deutlich sagen.

2. Deutsche nehmen aufgrund dieser Kommunikationsform einen Großteil (den größten Teil?) der tschechischen Botschaften nicht wahr. Denn für sie ist nur das mitgeteilt, was faktisch explizit ausgesprochen wurde. Das allein ist für sie der Stand der Dinge und sie erleben dann ein völlig überraschtes Erwachen, wenn Tschechen von einem anderen Stand der Vereinbarungen oder Informationen ausgehen. Für die Deutschen ist das nicht fair, sondern hinterlistig und hinterhältig. Und sie haben dann den Verdacht, dass die Tschechen sie absichtlich ins Leere stürzen lassen wollten, wenn sie sich plötzlich vor geänderte Tatsachen gestellt sehen.

Aber selbst für Tschechen, die sich nicht absolut nahe stehen, ist es oft sehr schwer, die richtige Interpretation zu finden. Auch Tschechen untereinander sehen sich etlichen Missverständnissen gegenüber oder rätseln, „was wohl jemand damit gemeint hat“, „was er wohl damit sagen wollte“ oder „warum jemand etwas nicht gesagt hat“ etc.

## *2.6.2. Der deutsche Kulturstandard „schwacher Kontextbezug der Kommunikation”:*

### *Direktheit und Explizitheit*

Während Tschechen nur relativ wenig direkt sagen, sondern vieles in kontextuelle Signale verpacken, bevorzugen Deutsche einen Stil großer Direktheit und Explizitheit: Sie formulieren das, was ihnen wichtig ist, mit Worten und benennen die Sachverhalte dabei ungeschminkt. Die charakteristischen Elemente dieses Stils sind:

1. Das WAS steht im Vordergrund, das WIE ist sekundär. – Der Fokus der Deutschen ist nämlich, wie wir schon dargelegt haben, vor allem auf die Sachebene gerichtet, d. h. ihnen kommt es auf den Inhalt des Gesagten an. (vgl. 2.1.: Sachorientierung)

2. Daher reden Deutsche direkt und undiplomatisch, aber ehrlich und aufrichtig, ganz so, wie sie etwas eben sehen.

3. Sie denken nicht daran, auf etwaige Empfindlichkeiten der Anwesenden besonders Rücksicht nehmen zu müssen. Und so können Ihre Aussagen verletzend wirken, obwohl das nicht so gemeint und beabsichtigt war. – Schließlich handeln sie gemäß der „Trennung von Lebensbereichen".

4. Interpretationsspielraum zu lassen, ist zudem nicht ihre Sache. Sie wollen sich präzise, klar und unmissverständlich ausdrücken und daher formulieren sie die Dinge, die sie mitteilen wollen, aus. Sie meinen das, was sie sagen; und sie sagen das, was sie meinen. Ergänzende Informationen braucht man nicht dazu zu nehmen, zusätzlich wahrzunehmen oder aus dem Kontext des Gesagten zu entschlüsseln, um im Bilde zu sein, was ihre Botschaft war.

5. Umgekehrt wird in die Dekodierung nur miteinbezogen, was ausdrücklich gesagt wird. Deutsche denken nicht daran, dass das, was man ihnen sagt, nur ein Teil der Botschaft sein könnte, die um weitere Signale ergänzt werden müsste, damit sie verstanden werden kann. Sie hören explizit gesprochene Worte, halten das gewohnheitsmäßig für den Inhalt, den man transportieren wollte und haben keine Ahnung, dass noch anderes zur zuverlässigen Entschlüsselung und Interpretation des Gesagten hinzu genommen werden müsste.

Die Elemente 1-3 beschreiben die deutsche Direktheit, die Elemente 4 und 5 die deutsche Explizitheit.

Deutsche fallen Tschechen oft auf als Viel- und Langredner, die alles in epischer Breite darlegen, ohne zu prüfen, ob der tschechische Partner diese Informationen braucht. Diese Eigenart mag aber ganz verschiedene Hintergründe haben:

- In einem Fall wollen die Deutschen durch exakte Erklärungen lediglich erreichen, dass alles glatt läuft, weil der tschechische Kollege die Hintergründe, die Ursachen und die Zusammenhänge kennen soll und nun das ganze Feld beherrschen kann.

- Und im anderen Fall will einer seine Kompetenz nur von neuem zeigen und beweisen, dass er seine Position aufgrund seiner Sach- und Fachkenntnisse zu Recht hat. Durch ausführliche Erklärungen kann man sich in ein gutes Licht rücken und seinen Sachverstand beweisen („Der hat was drauf!"). Und das ist eben so dann und wann zu tun, sonst verliert man an Boden.

- Im dritten Fall sollen alle auf den gleichen Informationsstand gebracht werden, weswegen das Meeting viel Zeit in Anspruch nimmt. Obwohl vielleicht immer nur ein paar Personen von einem Tagesordnungspunkt betroffen sind, sitzen doch alle und sollen zuhören. (Tschechen sehen das als blanke Zeitverschwendung an.)

- In der nächsten Situation bieten Deutsche eine Menge ihres Know-hows explizit aufbereitet in schriftlicher oder Präsentationsform an, um ihre Kooperationsbereitschaft zu signalisieren.

- Und schließlich fordern Deutsche für alles die Schriftform an, für Protokolle, Dokumentationen, Gesprächsnotizen etc. Denn was man schwarz auf weiß besitzt, das kann man getrost nach Hause tragen und man hat es.

Dennoch ist der gemeinsame Nenner all dieser Situationen der, dass eine Sache dann erledigt scheint, wenn sie mit expliziten Worten „abgearbeitet" wurde.

Mit Tschechen gibt es außerdem eine andere pikante Variante: Oft erwarten Deutsche, dass man Übereinkünfte nochmals explizit bestätigt und die einzelnen handlungsrelevanten Inhalte sozusagen wiederholt („Also, wir verbleiben jetzt so..."). Fehlt dieses Signal, dann ist für sie die Übereinkunft nicht erzielt und es geschieht nichts. Dann ist der Ärger auf Seiten der Tschechen groß, die im Traum nicht darauf kämen, dass sie eine (für sie) klare Sache bestätigen müssten.

Explizit ist auch die Art, wie Deutsche Beziehungen aufbauen und pflegen: Mit Sprache wird Wirklichkeit generiert. Man sagt, was man will, was man beabsichtigt, welcher Ansicht man ist, wie man sich fühlt etc. In einem Wort: Man definiert seine Situation für andere mit Worten und geht davon aus, dass derjenige das nun auch für bare Münze nimmt und sich in seinen Reaktionen darauf einstellt. So ist es möglich, dass man sich durch Gespräche kennenlernt, weil sich jeder der Partner in gewissem Sinne offenbart. So ist es möglich, dass man Vertrauen aufbaut, wenn die Ansichten der beiden Partner auf einer Linie liegen. Beziehungen werden weithin über Sprache vermittelt, also über Meinungsaustausch oder Feedback. Voraussetzung dafür ist, dass man einander glaubt – aber das ist mehrheitlich der Fall.

Bei Sympathie zu einer anderen Person bemühen sich Deutsche aktiv um eine Distanzverringerung mit Worten, indem sie z. B. den anderen fragen und von sich erzählen, oder Taten, wie Einladungen, Treffen, gemeinsamen Unternehmungen, initiieren. Diese Aktivitäten, die unter Deutschen Sympathie und den Wunsch, eine nähere Beziehung aufzubauen, signalisieren, erleben Tschechen mitunter als überschwänglich oder übertrieben, weil ganz offensichtlich zu viel getan, gemacht, gesagt wird, statt die zentralen Elemente der Situation einfach nur schweigend, wortlos, nicht-aktiv zu erleben.

Hierher gehört auch der weit explizitere Umgang in Deutschland mit Gefühlen: Man zeigt seine Gefühle deutlicher, man benennt sie, man expliziert sie für andere. „Deutsche machen wieder ein Theater" – sagen die Tschechen. Das ist in deutschen Augen sich selbst gegenüber ehrlich, denn man ist so, wie man eben gerade ist. Das ist aber auch für den Partner ein Signal, wie er nun die Person zu behandeln hat – bestärkend, beschwichtigend oder sich mit ihr konfrontativ auseinandersetzend. Darin liegt der Grund, weswegen Deutsche von Tschechen für extrovertiert gehalten werden und zwar im positiven wie im negativen.

Und im Übrigen gilt: Je vertrauter man miteinander ist, je näher man sich steht (vgl. 2.5.: Trennung von Lebensbereichen: Distanzregulierung), umso schneller und ungeschminkter sagt man einander die Meinung und zeigt man einander die Gefühle.

In Tschechien dagegen herrscht hoher Kontext, was im Kontrast zu Deutschen bedeutet, dass man den Worten weit weniger Bedeutung beimisst: Man kann viel sagen – auf die Taten kommt es an. Insofern will man einen Menschen erleben, beobachten, mit ihm Erfahrungen machen, fühlen, wie es sich an seiner Seite lebt usw. und daraus zieht man dann seine Schlüsse, wie jemand ist und welche Reaktionen ihm gegenüber nun angemessen sein könnten. Beziehungsaufbau heißt somit viel mehr „zusammen*sein*" als miteinander reden.

In die Dekodierung des Gesprochenen wird von Deutschen nur miteinbezogen, was ausdrücklich gesagt wurde. Anspielungen, Signale, Andeutungen werden nicht registriert. Die Idee existiert nicht, dass solche Zeichen Bestandteil einer normalen Kommunikation sein könnten. Die Aussage „Ich habe das gesagt" stimmt für Deutsche nur, wenn dieses Etwas explizit gesagt wurde und zwar zu einem Zeitpunkt, an dem für Deutsche dieses Etwas das Thema war. Wenn es sozusagen auf der Tagesordnung stand und mit dem Häkchen „erledigt" versehen werden konnte. Auch eine nebenbei hingeworfene Bemerkung wird wahrscheinlich nicht registriert oder eine informelle Information (vgl. 2.5.: Trennung von Lebensbereichen). Auf der gleichen Linie liegt es, dass Deutsche die Art, wie sich jemand präsentiert, auf jeden Fall hinsichtlich der „Untergrenze" für bare Münze nehmen. Wenn jemand schlecht oder zu bescheiden von sich spricht, dann wird das nicht „nach oben" korrigiert. Von Understatement wird nicht ausgegangen.

Deutsche bedenken oft auch den Kontext zu wenig, in dem sie etwas sagen: Fragt man sie beispielsweise nach ihrer Meinung, äußern sie diese oft völlig schnörkellos und arglos. Sie überlegen sich nicht, wie ihre Aussagen in einer bestimmten Situation wirken, oder was es bedeuten kann, wenn einer in einer bestimmten Position eine Aussage trifft. Die Folgen oder die Gefahren sind nicht im Bewusstsein dessen, der auf eine Aufforderung hin etwas sagt. Er geht davon aus, dass derjenige, der ihm etwas zu entgegnen hat, sein Wort schon erheben wird. Denn jetzt ist ja offensichtlich Meinungsäußerung gefragt. Und hinterher ist der Deutsche über die Wirkung seiner Worte u. U. völlig erstaunt. Deutsche lieben konkrete Aussagen und Absprache, und nehmen gleiches natürlich auch von den Tschechen an.

Deutsche sagen, wie sie etwas sehen, im Guten und im Schlechten. Sie loben nicht oft, aber dann, wenn etwas passiert und funktioniert, das ihnen sehr wichtig ist. Sie arbeiten auch mit positiven Verstärkern und mit Motivationsförderung.

### *Vor- und Nachteile*

Die Vorteile dieses Kommunikationsmusters sind:

Der direkte Kommunikationsstil richtet sich nicht nur an Eingeweihte, setzt keine gemeinsame Erfahrung voraus, sondern ermöglicht auch Neu- und Seiteneinsteigern den Anschluss, indem sie eben explizit auf den notwendigen Wissensstand gebracht werden. Er ist ein gutes Vehikel zur Überbrückung von Informationsunterschieden und somit zur Integration der Kommunikationsteilnehmer unter der Zielrichtung der jeweiligen „Sache". Und Tschechen fällt an Deutschen auch prompt auf, dass sie hemmungslos nachfragen, wenn sie etwas nicht interpretieren können: „Wie haben sie das gemeint?"

Dieser Stil erlaubt es anderen, gut einschätzen zu können, „woran man ist". Deutsche legen ihre Konditionen klar, sagen ihre Meinung, äußern sich, wenn ihnen etwas nicht behagt. Sie sind damit ziemlich berechenbar.

Die Nachteile sind:

- Dieser Kommunikationsstil des schwachen Kontexts und der Direktheit wirkt oft umständlich, zu ausführlich, redundant.
- Er kann verletzen, indem er zu klar und „ungepolstert" ist.
- Er lässt diejenigen, die an ihn gewohnt sind, völlig unerfahren und ungeübt im Wahrnehmen impliziter Signale und Interpretieren zusätzlicher, nicht gesagter Botschaften.

### *2.6.3. Die Dynamik des Kulturstandardpaars „starker – schwacher Kontextbezug der Kommunikation"*

Manchmal erzählen Tschechen für deutschen Geschmack zu viel und pendeln zum Pol „schwacher Kontext". Das ist dann der Fall, wenn Deutsche sie etwas fragen, wovon sie als Deutsche wirklich keine Ahnung haben können, z. B. wenn sie sich gute Lokale oder auch bloß eine empfehlenswerte Waschanlage für das Auto vorschlagen wollen. Dann antworten Tschechen sehr ausführlich und berichten sozusagen den ganzen Kontext für die Information, den die Deutschen eigentlich gar nicht wissen wollten (sämtliche Restaurants oder Waschanlagen der Stadt mit ihren Vor- und Nachteilen). Nur dann, so denken sich die Tschechen, wenn man einen Gesamtüberblick hat, kann man richtig entscheiden.

Andererseits gibt es natürlich auch vieles, was Deutsche nicht sagen, sondern als selbstverständlich voraussetzen. Auch sie benutzen stets ein Mindestmaß an gemeinsamem Wissensbestand. Dieser Tatsache sind wir beispielsweise schon mehrmals in der Form begegnet, dass Beziehungen aufgebaut, definiert und interpretiert werden, ohne das zu benennen (vgl. 2.1.: Personbezug-Sachbezug). Auch äußern Deutsche keinesfalls immer ihre Meinung. Je nach hierarchischem Gefälle und persönlichem Bezug zueinander sagen sie sie oder halten sich auch eher damit zurück. Die Meinungsäußerungen, die sie von sich geben, sind u. U. je nach Zusammenhang „politisch gefärbt": Manche Aspekte werden z. B. besonders betont und deutlich dargestellt, um dadurch jemanden deutlich zu kritisieren (z. B. beim Feedback im Kontext von Qualitätszirkeln). Dennoch: Die Erwartung, wie man sich verhalten sollte, was als Normsetzung dem eigenen Verhalten vorschwebt, das ist in diesem Kulturstandard erfasst und beschrieben – und es heißt überwiegend Direktheit und Explizitheit.

### *2.6.4 Beispiele*

Eine Firma zieht in Tschechien eine Produktion hoch. Mit den Anlaufschwierigkeiten, wie das für einen solchen Prozess üblich ist. Eine Ursache für viele Probleme besteht in der Sprachbarriere, weil natürlich keiner der Deutschen Tschechisch spricht. Doch für die innerbetriebliche Kommunikation hält das deutsche Management es dennoch nicht für nötig, mit professionellen Dolmetschern zu arbeiten. Irgendwie werden die Meister und die Arbeiter schon klar kommen. Vielfach tun sie das auch. Und für größere Probleme, so lässt der deutsche Geschäftsführer alle wissen, könnten die Mitarbeiter ja seine Sekretärin, die hervorragend Deutsch spricht, holen zum Dolmetschen. Zu seinem Erstaunen jedoch machte von diesem Angebot in mehr als einem Jahr noch kein einziger tschechischer Mitarbeiter Gebrauch. Das wundert ihn sehr. – Die Tschechen nicht. Gerade bei einem Fehler oder einem Problem haben doch die Betroffenen kein Interesse daran, dass der Vorfall auf der obersten Ebene – und damit auch dem deutschen Geschäftsführer, wenn er will – in allen Details bekannt ist. Diesen Kontext hat der Geschäftsführer freilich übersehen, er dachte nur ganz pragmatisch an die sprachliche Hilfestellung.

Nach diesem Fall, in denen Deutsche den bestehenden Kontext leider gar nicht bedenken, ein Beispiel, wie Deutsche von Tschechen aktiv interpretiert werden und ihnen sozusagen ein Kontext unterstellt wird, der tatsächlich nicht gegeben ist. Klar, Tschechen interpretieren *immer* den/einen Kontext und „addieren" ihn zu den Aussagen „hinzu".

Ein deutsch-tschechisches Teamtraining. Rollenspiele. Folgende Szene wird zum Besten gegeben:

Es ist Freitag Nachmittag gegen 17 Uhr. Die tschechischen Mitarbeiter der Tochterfirma in Tschechien rüsten sich allmählich für das Wochenende und freuen sich, dass sie jetzt dann nach Hause gehen können. Im Büro in Deutschland sitzt eine Kollege, der für eine Besprechung am Montag Nachmittag Verschiedenes vorbereitet. Er entdeckt, dass ihm ein paar Daten der Tschechen fehlen und sendet deshalb ein Fax mit der Bitte, man möge ihm am Montag Vormittag xxx und yyy noch zusenden, er bräuchte es bis nachmittags. Die Tschechen erhalten das Fax und sind erzürnt: Um 17 Uhr ein Fax! Sie schimpfen noch eine Weile, tauschen diverse Hypothesen aus, was dieses Fax wohl bedeuten mag, und gehen endgültig nach Hause. Am Montag – noch immer ärgerlich – lassen sie das Fax zunächst liegen und nachmittags schicken sie dann ihrerseits eines zurück mit der Bitte um Konkretisierungen. Was die Deutschen können, können sie auch! – Jetzt ist der Deutsche konsterniert: Was soll denn das?!?

Die Diskussion beginnt: Was ist hier geschehen aus tschechischer Sicht? Die anwesenden Tschechen erläutern den Ärger auf Seiten ihrer Landsleute: Es ist doch wohl kein Zufall, dass am Freitag um 17 Uhr ein Fax kommt. Das ist sicherlich Absicht und keine nette obendrein: „Die Deutschen wollen kontrollieren, ob die Tschechen noch im Büro sind.", dessen ist sich ein Tscheche sicher. Ein anderer meint: „Man will uns das Wochenende verpatzen, indem man uns Arbeit gibt. Denn wir verstehen uns als Kollegen gut und machen viel gemeinsam, vielleicht gefällt das den Deutschen nicht." Und eine dritte Aussage lautet: „Die Deutschen in der Zentrale wollen einfach zeigen, wer die Macht hat. Daher ein Fax und kein Anruf mit der Bitte um Hilfe für Montag. Sie lieben die Befehle." Damit endet die Liste der Interpretationen noch lange nicht. Die anwesenden Deutschen sitzen und hören überrascht zu, bis einer einwirft: „Aber nein! Mir passiert so etwas auch dauernd. Das bedeutet doch nichts! Ich komme oft nicht vor Freitag Nachmittag dazu, etwas fertig zu machen. Ich schreibe ein Mail oder ein Fax, um nichts zu übersehen, und schaue natürlich nicht auf die Uhr, wann ich es abschicke. Das Fax liegt doch gut und kann bearbeitet werden, wenn eben wieder jemand im Büro ist. Es ist völlig egal, wann ich ein Fax oder ein Mail schicke, 13 Uhr, 17 Uhr, 21 Uhr... Hauptsache ich habe meine Arbeit erledigt und der Nächste macht dann weiter, wenn er dazu kommt. Das ist alles, mindestens in 80 % der Fälle. Es bedeutet sonst überhaupt nichts." Die anderen Deutschen bestätigen ihn. Diese simple Erklärung halten die Tschechen nun für kaum glaubhaft und so wogt das Gespräch noch etwas hin und her. Eine Einigung, ob das Geschehen nun zu interpretieren sei oder ob die Aussage des Deutschen glaubhaft sei, wird nicht erreicht.

Doch das Team folgt seither folgender Lösung: Wenn Deutsche Botschaften kommunizieren müssen, von denen sie – geschockt durch dieses Rollenspiel – annehmen, dass die Tschechen sie interpretieren werden, schreiben sie in die Betreffzeile oder sagen am Telefon explizit: „ bitte NICHT interpretieren!" Dann lachen die Tschechen, erinnern sich an das Rollenspiel, stoppen ihre „Fantasie" und nehmen die Botschaft einfach wörtlich.

### *2.6.5. Zusammenfassung und Empfehlungen*

<table>
<tr><th>starker Kontextbezug<br>der Kommunikation<br>(CZ)</th><th>schwacher Kontextbezug<br>der Kommunikation<br>(D)</th></tr>
<tr><td>Der Gesamtzusammenhang des Gesagten ist wichtig und Teil der Botschaft. Fast immer gilt er als klar und wird automatisch „eingesetzt".<br><br>Kann er nicht vorausgesetzt werden, muss er erklärt werden.</td><td>Der Gesamtzusammenhang des Gesagten bleibt weitgehend unberücksichtigt und ist nicht Teil der Botschaft.</td></tr>
<tr><td>Die Kommunikation ist damit gekennzeichnet von:<br>• Indirektheit (Andeutungen, Anspielungen)<br>• Implizitheit (vieles wird nicht mit Worten formuliert)</td><td>Die Kommunikation ist damit gekennzeichnet von:<br>• Direktheit (man sagt, was man meint, und meint, was man sagt)<br>• Explizitheit (alles, was wichtig ist, wird mit Worten formuliert)</td></tr>
<tr><td>Das heißt beispielsweise:<br>• Mündliche Kommunikation ist wichtiger als schriftliche.<br>• In den Antworten auf folgende Fragen steckt ein Teil der Botschaft: Wer sagt was wie wann zu wem, unter welchen Bedingungen, mit welcher Vorgeschichte, mit welchen Folgen?<br>• Mögliche implizite Signale sind Körpersprache, Gesichtsausdruck, Tonfall, Schweigen, sozialer Status, gemeinsame Basis, Umfeldbedingungen usw.</td><td>Das heißt beispielsweise:<br>• Das Was steht im Vordergrund, nicht das Wie.<br>• Man spricht ehrlich, aufrichtig, undiplomatisch, ohne Rücksicht auf Beziehungsebene.<br>• Eine Interpretation des Gesagten ist nicht nötig.<br>• Deutsche verstehen auch nur, was ihnen mit Worten, klar und unmissverständlich gesagt wird.<br>• Sie bedenken den Kontext weder, wenn sie selbst etwas sagen, noch wenn ihnen von anderen etwas gesagt wird.</td></tr>
</table>

**Empfehlungen für Deutsche, die mit Tschechen arbeiten:**

Der **Ausgangspunkt** für jeden deutsch-tschechischen Kontakt ist zunächst einmal der, dass die Kontexte, aus denen beide Partner kommen, verschieden sind. Insofern ist es sinnvoll, sich zu bemühen, einen gemeinsamen Kontext herzustellen:

1. Da Tschechen viel Information brauchen, um sich mit einer Sache identifizieren zu können, ist es sinnvoll, dass Deutsche möglichst viel Information und möglichst viele Hintergründe liefern, um Tschechen das, was sie sagen, nachvollziehbar zu machen. – Dabei muss man sich allerdings immer vergewissern, dass man Neues sagt und nicht bereits Bekanntes in epischer Breite wiederholt. Erklären und begründen Sie die Ziele, Ihre Absichten, Ihre Handlungsvorschläge und die erwarteten Konsequenzen. Nur wenn all das nachvollziehbar ist, besteht die Chance zu einer Identifikation des tschechischen Mitarbeiters oder Kollegen und nur dann können Sie damit rechnen, dass das auch getan wird, was Sie miteinander vereinbaren. Eine breite Basisinformation und Transparenz ist nötig. Explizieren Sie wirklich deutlich, was Sie erwarten, welche Vereinbarungen Sie gerne hätten, wie Sie sich welche Rollen vorstellen. Das lässt sich alles in freundlichem und kollegialem Ton und im Bemühen um Einverständnis tun. Aber es verhindert, dass Tschechen „frei interpretieren" und somit Ihren Vorstellungen entgegenhandeln.

2. Viele gemeinsame Gespräche im Laufe der Aktionen und Handlungen stärken den gemeinsamen Kontext auf der Sach- wie auf der Beziehungsebene. Zudem überzeugt das die Tschechen von der Aufrichtigkeit um ein partnerschaftliches Bemühen bezüglich gemeinsamer Lösungen in gegenseitiger Unterstützung und Hilfe. Außerdem erfahren Sie auf diese Weise rechtzeitig von Problemen, Barrieren, Änderungen seitens der Tschechen und können, bevor es zum Konflikt kommt, reagieren.

3. Auch Modelllernen ist eine effektive Methode, Kontext zu vermitteln: Laden Sie tschechische Mitarbeiter ins deutsche Werk ein, lassen Sie sie sehen, wie dort etwas gemacht wird, zeigen Sie die Zusammenhänge, auf die es ankommt hier auf usw..

4. Signalisieren Sie klar die Wichtigkeit und Dringlichkeit Ihrer Anliegen. Obwohl Deutsche eigentlich so explizit sind, sind sie in dieser Beziehung genau die Nuance zu zurückhaltend und höflich, die Tschechen vermeintlichen Spielraum lässt (weil Deutsche ja viel mehr und viel selbstverständlicher von der Einhaltung einmal besprochener Vereinbarungen ausgehen). Formulieren Sie das in einer Art wie: „Bitte, das ist wirklich wichtig, weil..." Die kommunizierte Priorisierung eines Anliegens hebt etwas aus den vielen, gleichzeitig einströmenden Forderungen heraus und lässt es tatsächlich dringend erscheinen. Und dann begründen Sie Ihre Bitte sachlich oder auch – wenn es passt – mit einem Hilfsappell.

5. Und manchmal sind sogar weitere Signale für die Wichtigkeit eines Anliegens nötig, z. B. dass ein hochrangiger Chef oder ein Kunde extra und persönlich aus Deutschland kommt. „Jetzt wird's wirklich ernst."

6. Eine Devise heißt. nachfragen, nachfragen... um zu überprüfen, ob etwas wirklich verstanden wurde. Das erste Ja nicht akzeptieren!

**Empfehlungen für Tschechen, die mit Deutschen arbeiten:**

1. Äußern Sie Ihre Bedürfnisse, Wünsche, Anliegen, Meinungen bitte mit Worten! Ein Deutscher hat keine Ahnung, dass es auch andere Wege der Informationsmitteilung gibt. Er wird Sie deshalb nicht verstehen, wenn Sie andere Signale setzen.
2. Wenn Sie sich missverstanden fühlen, vergegenwärtigen Sie sich einmal, was Sie dem Deutschen ausdrücklich und in klaren Worten gesagt haben. Alles andere weiß er nicht, denn er hat es mit großer Wahrscheinlichkeit nicht wahrgenommen.
3. Nehmen Sie es nicht persönlich, wenn Ihnen ein Deutscher etwas Normales ausführlich darlegt. Sie sind nicht blöd! Auch nicht in seinen Augen. Er folgt hier lediglich einem eingeübten Kommunikationsstil, den er Deutschen gegenüber in derselben Situation ebenso anwendet.
4. Suchen Sie nicht eine zusätzliche Interpretation dessen, was die Deutschen sagen. Die Deutschen sagen, was sie mitteilen wollen – nicht mehr und nicht weniger.

**Empfehlungen für Deutsche, die mit Tschechen arbeiten (Fortsetzung):**

So können Sie **lernen**, das, was Tschechen Ihnen mitteilen wollen, zu **entschlüsseln**:

1. Hören Sie den Tschechen zu: gut, lange! Nur dann wagen sie sich vor und nur dann haben Sie die Chance, das, was man Ihnen sagen wollte, näherungsweise zu verstehen.

2. Fragen Sie nach Meinungen! Damit erhöht sich die Chance, sie zu bekommen.

3. Nehmen Sie die Probleme ernst, die angedeutet werden! Ein „kleines" Problem ist ziemlich sicher ein gewaltiges.

4. Nur dann werden Sie richtig eingeschätzt und bei Vertrauen in informelle Informationsflüsse einbezogen, wenn Sie viel diskutieren und mit den Leuten sprechen: zuhören, zuhören, fragen, mit allen Ebenen.

5. Vergegenwärtigen Sie sich die Ausführungen zur „Diffusion" (vgl. 2.5.). Kontext hängt damit eng zusammen, denn Sie müssen sich die Teilinformationen wie ein Puzzle aus allen Begegnungen (welcher Lebensbereich auch immer) und Kanälen zusammenholen und dann zusammenfügen. Seien Sie immer und überall konzentriert und registrieren Sie, was an Ihr Auge und Ohr dringt.

Seien Sie sich stets des **Kontexts bewusst**, in dem Sie handeln!

1. Wenn Sie Chef sind und eine Meinung – gleichgültig wann und wo (Diffusion!) – von sich geben, vergessen Tschechen nie Ihren Status und Ihre Macht! Ihre Worte haben immer eine Wirkung – nämlich tendenziell die einer Anordnung.

2. Wenn Sie als Chef eine Meinungsäußerung Ihrer tschechischen Mitarbeiter wünschen, dann können Sie nur fragen und zu Meinungsäußerungen ermutigen. Sobald Sie Ihre Meinung ausposaunt haben, ist jede Diskussion zu Ende.

3. Seien Sie sich dessen bewusst, dass Sie als Mensch vor allem dann beobachtet und beurteilt werden, wenn Sie sich unbeobachtet wähnen. Taten zählen – nicht Worte, nicht vorsätzliches „Imponiergehabe" innerhalb der Rolle, nicht Fassade oder Maske. Sicherheit gewinnen Tschechen aus dem Kontext!

Als **Faustregel** gilt:

Die einzige Lösung, den Kontext der Tschechen zu entschlüsseln, besteht darin, möglichst engen Kontakt zu halten. Je besser man sich kennt, umso zutreffender kann man paraverbale Signale, wie Stimmlage, Betonung, Mimik, Gestik, interpretieren. Je öfter man informell, z. B. in kurzen Telefonaten, bei zufälligen oder beiläufigen Begegnungen, miteinander spricht, umso mehr Infos erhält man über den tatsächlichen Verlauf eines Projekts.

## *2.7. Kulturstandardpaar: Konfliktvermeidung versus Konfliktkonfrontation*

| **Zentrale Frage:** |
| --- |
| Wie wird mit Konflikten umgegangen? |

### *2.7.1. Der tschechische Kulturstandard „Konfliktvermeidung"*

Ein sehr schwieriges Feld in der Interaktion zwischen Tschechen und Deutschen ist das völlig andere Umgehen mit Konflikten. Tschechen sagen von sich, dass sie nicht (hart) diskutieren können, dass sie Probleme nicht besprechen können, ja dass ihnen solche Gespräche derart unangenehm sind, dass sie ihnen, wo immer möglich, ausweichen. Man gibt daher der Konfliktvermeidung auf alle Fälle Vorrang vor der Konfliktaustragung. Während also Deutsche Kritik aussprechen, Probleme analysieren, Schwierigkeiten und Unangenehmes beim Namen nennen, würden Tschechen am liebsten bei alledem im Boden versinken. Es ist ihnen nahezu unerträglich.

Wie also gehen Tschechen untereinander mit Konflikten um?

1. Zunächst einmal weichen sie der Thematisierung von Konflikten solange aus, wie es nur irgendwie geht. Es wird einfach so getan, als gäbe es keinen Konflikt. Man will während der Kontakte den Konflikt vergessen, ein möglichst angenehmes Beisammensein herstellen und genießen und damit wieder eine positive gemeinsame Basis schaffen. Der Konflikt wird glatt gebügelt, so dass er die Beziehungsebene nicht mehr stört.

2. Die Signale, mit denen man Konflikte einer höheren, nicht zu leugnenden Eskalationsstufe kommuniziert, sind vor allem Kontext-Signale. Das tut man lange, ausgiebig, geduldig. Ein explizites Gespräch findet eher nicht statt. Wenn, dann werden die Konflikte dabei tendenziell bagatellisiert und ein „kleines" Problem kann schon mal ein riesiges sein.

3. Wenn Explizitheit wirklich einmal unumgänglich ist, dann werden Konflikte auf schriftlichem Wege thematisiert (beispielsweise per Fax zum vereinbarten Termin), aber so gut wie nie mündlich.

4. Wird der Druck zu stark, so dass nichts mehr geschluckt werden kann, dann besteht die Gefahr der Explosion: Die Explosion kann (a) leise erfolgen, indem die Person plötzlich geht und sich ohne Begründung völlig aus der Situation zurückzieht. (b) Der „Knall" kann laut sein und ebenfalls das Ende einer Beziehung bedeuten. Es kann aber auch der Rauch wieder abziehen und keiner ist nachtragend. Das kommt auf die Personen, die Situation und die Stärke der Betroffenheit an.

Für Deutsche sind nun die Stufen (1), (2) und (4a) nicht unterscheidbar, weil sie ja, wie dargestellt, die Kontextsignale der Tschechen meist nicht enträtseln können. Sie erleben nur Funkstille und ärgern sich über die tschechische „Passivität".

### *Umgang mit Fehlern und Kritik*

Es fällt Tschechen sehr schwer, eigene Fehler oder Unwissenheit sich und anderen einzugestehen. Für einen Fehler entschuldigen sich Tschechen meist nicht. Sie suchen vielmehr die Gründe für die Probleme anderswo als bei sich selbst. Sie finden einen Schuldigen, einen widerlichen Umstand, eine einfallsreiche Ausrede. „Quatschen ist beliebt" sagen Tschechen, wenn sie das Phänomen beschreiben, dass mit ausführlichen Diskussionen wenig relevanter Aspekte eines Problems vor allem ein Ablenkungsmanöver von eigenen Fehlern und Schwächen versucht wird, statt die tatsächliche Analyse der Komplikationen.

Auch Kritik anzunehmen, ist schwierig. Das Aufzeigen von Fehlern, negatives Feedback verletzt und entmutigt. Etwas auszubessern, an „verdächtigen" Punkten nachzubohren, wirkt bereits als Kritik. Klare, eindeutige, direkte Fragen sind bereits ungewohnt und lösen meist (ängstlichen) Rückzug aus. Fehler, vor allem Fehleranalysen, werden nicht als Chance zum Lernen begriffen. Hinter jeder Kritik wird ein „Gewitter" vermutet, das in Sanktionen enden wird.

„Ausreden" sind Tschechen zur Kunstfertigkeit geworden: Während eine Entschuldigung der Wahrheit entspricht und eine Lüge keine Rücksicht auf den Gesprächspartner und dessen Gefühle nimmt, sondern nur die eigene Situation betrachtet, ist eine Ausrede die gekonnte Diplomatie:

- Die Sache könnte wirklich so sein, das ist nicht klar zu entscheiden.
- Eventuell handelt es sich um eine Teilwahrheit.
- Eine Ausrede ist charmant, denn sie geht auf den Gesprächspartner ein und benutzt ein Argument, das diesem gefällt bzw. – in vollendeter Kunst – ihm sogar schmeichelt.
- Eine Ausrede hilft dem, der sie gebraucht, aber sie schadet dem Gesprächspartner nicht.
- Es ist ein Spiel: Beide wissen, dass es sich um eine Ausrede handelt, aber sie lassen sich darauf ein.
- Ist die Ausrede humorvoll, kann sich im gemeinsamen Lachen die Atmosphäre entspannen.
- Das „Opfer" einer Ausrede, d. h. wenn jemand zu spät feststellt, ihm wurde eine Ausrede serviert, ärgert sich über sich selbst und seine Dummheit, nicht über den anderen, denn der vollbrachte eine gute Leistung.

### *Selbstbehauptung*

Aber auch das klare Eintreten für eigene Interessen ist nicht üblich. Schon die eigene Unzufriedenheit offen zu präsentieren, zu erklären und zu begründen, wird als sehr unangenehm erlebt und daher vermieden. Vom mehr oder minder zähen Aushandeln einer gangbaren, einigermaßen zufriedenstellenden Lösung ganz zu schweigen. Tschechen argumentieren nicht lange, sie kämpfen nicht lange. Sie gehen, sie vertagen, sie schicken ein Fax, sie wechseln das Thema oder sie finden den dritten Weg. Im schlimmeren Fall kündigen sie oder beenden die Zusammenarbeit – nicht selten in deutscher Wahrnehmung ohne Warnung.

Tschechen sagen nicht Nein. Einen Vorschlag lehnen sie nicht rundheraus ab. („Wir sagen Ja und schauen halt dann, was wir machen können.“) Eine Forderung, der jemand nichts abgewinnen kann, nimmt er zunächst einmal hin und zeigt dann durch Kontextsignale (vgl. 2.6.: Starker Kontextbezug der Kommunikation) seine Einstellung dazu. Denn bei einem Ja wird nicht gar nichts getan, sondern einem mehr oder weniger großer Teil der Forderung oder Bitte nachgekommen: welchem Teil, wie, in welchem Ausmaß – das sind die Kontextsignale. (Vielleicht wird auch alles erfüllt, je nach Kontext des Weiteren zeitlichen Verlaufs der Beziehung.)

Wenn Tschechen überhaupt Kritik äußern, dann nach wesentlich längerer Zeit sowie nicht so präzise und nicht so offen, wie Deutsche das tun. Am härtesten fallen dann schriftliche Dokumente aus (Brief, E-Mail, Fax), ihnen ist die Stimmungslage am deutlichsten zu entnehmen.

### *Probleme lösen*

Eine objektive, sachbezogene Analyse von Problemen und Konfliktursachen ist nicht üblich. Eine Analyse wird nicht als „konstruktiv“ aufgefasst, um die Sache zu verbessern und voran zu bringen, sondern als versteckte Kritik an den beteiligten Personen.

Es überwiegt bei Problemen daher eher das Gefühl. Und das ist Enttäuschung oder Resignation. Und dann wirft man die Flinte leicht ins Korn.

Besteht ein Vertrauensverhältnis, dann ist der positivste Fall der, dass Tschechen sofort auf eine mögliche Handlung, die sie der peinlichen Analyse entfliehen lässt, ausweichen: Sie machen einen Vorschlag, was man tun könnte oder versuchen, ihren Partner zu überreden, ihr Handeln doch zu akzeptieren. Kurzfristigkeit ist überhaupt das dominante Muster: Ein Tscheche rettet eine Situation jetzt im Moment – z. B. mit einer Ausrede oder einem schnellen Vorschlag – und bedenkt nicht, dass damit der Konflikt nur aufgeschoben, nicht aufgehoben ist.

### *Passiver Widerstand*

Wenn Tschechen kämpfen, dann tun sie das meist in Formen, die man „passiven Widerstand“ oder „subtilen Boykott“ nennen könnte. Das Grundmuster ist dabei so zu beschreiben: Die Struktur wird scheinbar angenommen („der Mantel wird übergezogen“), sie wird jedoch auf eine Art in Handeln umgesetzt, dass das intendierte Ziel dennoch verfehlt oder zumindest nicht ganz erreicht wird. Man vermeidet geschickt jede Konfrontation, aber lässt die beabsichtigten Maßnahmen ins Leere laufen: Es klappt eben nicht, es gibt eben Hindernisse, es passierten eben Fehler oder Verzögerungen. Dabei bleiben die Akteure nach außen (fast völlig) unschuldig, denn es hat sich lediglich eine kleine Barriere „eingeschlichen“, die freilich große Wirkung hat. „Ich sage nicht nein, ich mache nein“ ist das tschechische Motto.

### *Vor- und Nachteile*

Dass sie nicht konfliktfähiger sind, finden viele Tschechen selbst als einen Nachteil. Denn damit kann vieles nicht geklärt werden und an manchen Stellen kann nicht die beste Lösung gefunden werden. Der Vorteil, dass die unangenehme Situation der Auseinandersetzung verhindert werden kann und die damit verbundenen schlechten Gefühle ebenso, hat dennoch seinerseits wiederum den Preis, dass die objektiv schwierige und konfliktträchtige Situation bleibt und nicht aufgelöst wird. Überraschend viele Tschechen sagten, dass sie insofern der deutschen konfrontativen Direktheit etwas Positives abgewinnen können, weil damit Probleme konstruktiv, d. h. Lösungen findend, bearbeitet werden können. Es bleibt ihnen unangenehm, aber sie finden es „aufrichtiger".

### *2.7.2. Der deutsche Kulturstandard „ Konfliktkonfrontation"*

Wie bereits erwähnt, gehen Deutsche im Vergleich zu Tschechen im Einklang mit ihrem direkten Kommunikationsstil die Dinge geradezu „frontal" an.

#### *Selbstbehauptung*

Deutsche sind aus tschechischer Sicht nicht von Konfliktscheu heimgesucht:

- Sie sagen es, wenn sie etwas nicht machen wollen oder können; sie benutzen ein klares Nein.
- Ebenso widersprechen sie klar, wenn sie anderer Meinung sind. – Oft sind sie im Widersprechen schneller als im gründlichen Zuhören.
- Deutsche äußern vielfach auch ihren Chefs gegenüber Beschwerden und Unzufriedenheiten explizit. Sie nennen die Dinge, die ihnen nicht gefallen, beim Namen, sie drohen vielleicht mit der Kündigung und versuchen ihre Verhandlungsposition zu stärken.
- Deutsche Diskussionen wirken und sind oft ziemlich aggressiv, hart und konfrontativ. Wenn einer von einer Sache nichts hält, Fehler oder Probleme sieht, dann sagt er das ziemlich ungeschminkt. Die Dinge werden „ausgefochten", d. h. jeder bezieht klar Stellung, und die Kontrahenten „halten dagegen", d. h. sie verfechten ihre Position. Dieser Stil wird als sachdienlich betrachtet, denn er gewährleistet, dass vermutlich alle wesentlichen Aspekte auf den Tisch kommen und damit eine gute Lösung gefunden werden kann. – Grundsätzlich gilt dabei: Jeder kann, darf und soll seine Meinung sagen. Die Frage, inwieweit diese Meinung dann tatsächlich etwas beeinflussen kann, bleibt freilich offen. Es hängt vom Kontext, von den Personen und der Stärke der Argumente ab.

#### *Umgang mit Kritik*

Deutsche kommandieren, kontrollieren, kritisieren, sagen die Tschechen. Und auch an der Kritik stößt sich so manche tschechische Seele. Das Kritikverhalten Deutscher ist nämlich, wie inzwischen hinlänglich klar geworden sein dürfte, vorrangig an der Sache ausgerichtet (vgl. 2.1.: Sachorientierung). Kritik sehen Deutsche unter sachlichen Aspekten: Sie sind überzeugt, dass sie lediglich eine Verfehlung kritisieren, aber nicht die Person, die diesen Fehler begangen hat. Eine Rücksichtnahme auf soziale Faktoren (wie persönliche Empfindsamkeiten, Alter, Geschlecht oder darauf, ob jemand an einer Rückmeldung interessiert ist) erscheint aus dieser Perspektive geradezu als unwichtig. Daher sagen sie ihre Kritik relativ offen und aufrichtig. Sie sprechen an, was ihnen nicht gefällt, womit sie unzufrieden sind und legen den Finger direkt in die Wunde. Sie sagen dabei in ihrer Wahrnehmung nur: „Du hast etwas falsch gemacht" und kritisieren damit eine Tat, aber sie sagen und meinen nicht, wie viele Tschechen es „hören" (Kontext!): „Du bist blöd", was eine zugegebenermaßen ziemlich massive Kritik an der Person wäre.

### *Probleme lösen*

Deutsche sind davon überzeugt, dass ein solcher Umgang mit Kritik konstruktiv ist, denn sie glauben fest daran, dass nur durch eine klare Problemanalyse und ein gnadenloses Ansprechen von Schwachstellen eine Optimierung möglich ist: Erst wenn die Probleme erkannt sind, kann man an eine Fehlerbehebung gehen. Das bedeutet:

1. Wenn zu erwarten ist, dass etwas nicht klappt – dass beispielsweise eine Vereinbarung oder ein Termin nicht eingehalten werden kann –, dann erwarten Deutsche, dass der dafür Verantwortliche das von sich aus sagt und ankündigt (vgl. 2.4.: regelorientiertes Pflichtbewusstsein). Das mag einen Konflikt heraufbeschwören. Doch dieser wird als konstruktiv betrachtet, weil er im Dienste der gemeinsamen Sache steht. Der Konflikt, der sich zusammenbraut, wenn nichts gesagt wird, kann dagegen wirkliches Unheil anrichten.

2. Fehlern muss genau auf den Grund gegangen werden: Aufgrund der klaren Kompetenzen und Normen wird zunächst einmal geprüft, woran der Fehler lag und wer ihn verursacht hat. Probleme werden in ihren sachlichen Aspekten erfasst, analysiert und (aus)diskutiert. Dazu wird solange nachgebohrt, nachgefragt, nachgehakt, bis das, was man wissen muss, auf dem Tisch liegt. Dass das für die Betroffenen unangenehm sein kann, wird zugunsten der Sache in Kauf genommen. Wenn in diesem Prozess Fehler selbstkritisch eingestanden werden können, dann gilt das als Beitrag zu einer optimalen, schnellen und kostengünstigen Fehlerbeseitigung, weil nicht erst Vertuschtes aufgespürt werden muss. Eine solche Person zudem wird als besonders im Dienste der Sache stehend gesehen, weil sie zugunsten der Sache auf Gesichtswahrung verzichtet (vgl. 2.4.: internalisiertes Pflicht- und Verantwortungsbewusstsein).

3. Dann muss der Fehler so gut wie möglich ausgebessert und

4. schließlich muss durch die Initiierung entsprechender Maßnahmen ein solcher Fehler künftig verhindert werden.

5. In vielen Teamsitzungen geht es vornehmlich um derartige Analysen und Abhilfemöglichkeiten. Kollegen besprechen bereits auch dann berufliche Probleme, wenn sie sich nicht gut kennen, wenn kaum eine Beziehungsbasis besteht. Das ist ein Zeichen von Professionalität.

### *Vor- und Nachteile*

Die Vorteile dieses Musters liegen auf der Hand: So kann die Sache zielorientiert optimiert werden. Der Preis dafür heißt: Es wird kaum Rücksicht auf die Gefühle der Beteiligten genommen – aber man bewegt sich ja ohnehin im Persönlichkeitsbereich „Rationalität".

### 2.7.3. *Die Dynamik des Kulturstandardpaars „Konfliktvermeidung – Konfliktkonfrontation"*

Auch bei diesem Kulturstandard weisen selbstkritische Deutsche wieder explizit darauf hin, dass dieses Selbstbild Idealisierungen aufweist und es sehr wohl Situationen der Konfliktvermeidung gibt:

- Deutsche teilen zwar Kritik aus, sind aber selbst auch empfindlich, d. h. verletzt, wenn sie sie bekommen – trotz ihres Anspruchs an sich selbst, die Gefühle „wegzustecken". Sie sind eben nur später als viele Tschechen beleidigt.

- Natürlich gibt es seitens der Mitarbeiter auch übertriebenen oder vorauseilenden Gehorsam, Schleimerei, das Bemühen, ja nicht aufzufallen... – Zumal in Zeiten der Angst vor Arbeitsplatzverlust.

Nicht hinter jedem Konflikt steckt das dem Kulturstandard zugrundeliegende, (in deutschen Augen) ehrenhafte Motiv, der Sache zu dienen:

- Manche Konflikte werden nicht gelöst, sondern als mehr oder weniger ausgeprägte „Grabenkriege" permanent weiter gefochten.

- Deutsche wissen sehr wohl zwischen einer konstruktiven und einer vernichtenden Kritik zu unterscheiden. Denn beides kommt vor. Eine konstruktive Kritik bezieht sich auf die Sache und ist bemüht, die Person nicht zu verletzen. Eine vernichtende Kritik will die Person wirklich treffen. Während es im ersten Fall tatsächlich um die Sache geht, steckt im zweiten Fall eine andere Absicht dahinter, z. B. ein tobender Machtkampf.

- Es gibt auch als Besprechung angekündigte, reine Pro-forma-Veranstaltungen, in denen der Chef genau weiß, wie er etwas haben möchte und die Sache nur noch zum Schein mit den Mitarbeitern bespricht. Er will (pflichtgemäß) seine partizipative Rolle spielen, ist aber eigentlich nicht bereit, sich wirklich auf sie einzulassen Eigentlich sollten sie ihm zustimmen, Ja sagen und seine Idee gut finden. Das ist eine Schein-Demokratie, das empfinden auch alle Deutschen so. Diese Besprechungen können konfrontativ werden oder auch nur abgesessen werden, je nach Streitlust der Mitarbeiter.

Auch Tschechen pendeln und können konfrontativ werden. Das bedeutet dann aber oft nichts Gutes. Reagiert nämlich ein Tscheche direkt und lässt sich auf eine Frage-Antwort-Auseinandersetzung ein, dann ist das ein ziemlich sicheres Zeichen, dass er wirklich „böse" und dem eingangs beschriebenen Stadium der Explosion sehr nahe ist.

### 2.7.4. *Beispiele*

Tschechen sagen von sich selbst: Wir sagen nicht nein, wir machen nein. Das ist ihnen angenehmer als jemandem harte Worte direkt ins Gesicht zu schleudern.

Ein Klassiker zwischen Deutschen und Tschechen ist der:

In einer Besprechung wollen Deutsche etwas. Die Tschechen wollen das aber nicht. Sie drucksen also herum und führen diverse Argumente ins Feld, wieso das nicht so günstig sei, was man stattdessen machen könnte usw. Die Deutschen beharren auf ihren Vorstellungen und irgendwann sagen die Tschechen ja. Das gilt Deutschen nun als „Vereinbarung". Doch es passiert leider dann nichts oder nicht das, was die Deutschen als „vereinbart" betrachten. – Wie konnten die Deutschen nur übersehen, dass das Ja kein Ja war? Was hätten sie denn anderes sagen können in dieser Situation? fragen sich die Tschechen, wenn die Deutschen dann „überraschenderweise" unzufrieden reagieren.

Probleme werden in offiziellen Meetings von Tschechen eben eher nicht angesprochen. Man könnte den Zorn des anderen erwecken und die gute Beziehung zerstören und man könnte riskieren, sich Sanktionen auszusetzen. Sollen und müssen Konflikte besprochen werden, dann bitte vorsichtig, wohl dosiert, unter vier Augen.

### *2.7.5. Zusammenfassung und Empfehlungen*

<table>
<tr><th>Konfliktvermeidung<br><br>(CZ)</th><th>Konfliktkonfrontation<br><br>(D)</th></tr>
<tr><td>Es gibt eine sehr starke Tendenz zur Konfliktvermeidung. Dabei gelten als Konflikt:<br><br>• Selbstbehauptung / Meinungsäußerung<br>• Feedback / Kritik<br>• Problem- und Fehleranalysen<br>• Zugeben von Nichtwissen oder Fehlern<br><br>Es herrscht viel Angst vor Sanktionen und negativen Konsequenzen.<br><br>Man sichert sich ab.</td><td>Frontales Angehen<br>einer Sache:<br><br>• „konstruktive“ Kritik bezieht sich auf die Sache<br>• Selbstbehauptung / harte Diskussionen<br>• klares Nein<br>• Widerspruch<br>• offenes Äußern von Unzufriedenheit und Beschwerden<br>• gnadenlose Problem- und Fehleranalyse<br>• Übernahme von Verantwortung (keine Ausreden!)</td></tr>
<tr><td>Konfliktmuster:<br><br>• ausweichen, ignorieren, bagatellisieren, glatt bügeln<br>• Ausreden / Schuldverschiebung<br>• passiver Widerstand („Ich sage nicht Nein, ich mache Nein.“)<br>• falls ein Ansprechen unumgänglich, dann Kontextsignale, schriftliche Form, informelle Gespräche</td><td>Voraussetzungen:<br><br>• Trennung von Persönlichkeitsbereichen („Nehmen Sie das nicht persönlich...“)<br>• Ehrlichkeit als sehr hoher Wert<br>• Verantwortungsdelegation bedingt Konflikte („Er setzt sich für seine Aufgabe ein“)</td></tr>
</table>

**Empfehlungen an Deutsche, die mit Tschechen zusammenarbeiten:**

Eine professionelle Zusammenarbeit geht nicht ohne Konflikte ab. Die Frage ist daher, wie können Deutsche mit Konflikten so umgehen, dass sie dabei möglichst wenig tschechisches Porzellan zerbrechen. Und die Beantwortung dieser Frage hängt sehr von den **Hintergründen** ab, weswegen sich Tschechen so konfliktvermeidend verhalten.

- Die bedeutsamste Ursache ist Angst: Die Angst vor Sanktionen oder dem Ende der Beziehung, d. h. vor Geschrei, Vorwürfen, Kündigung, Gehaltskürzung... ist verbreitet. Das ist nicht ganz aus der Luft gegriffen, denn in der gesamten tschechischen Erziehung überwiegen die Sanktionen. Aufgrund der Angst hat man keinen Mut zu diskutieren, nachzufragen, Fehler zuzugeben. Es herrscht eine große Angst, zu verletzen, zu kränken, zu beleidigen und verletzt, gekränkt, beleidigt zu werden – mit einem Wort die Beziehungsebene und das beidseitige Wohlbefinden zu zerstören. Man möchte keine unangenehmen Situationen durchstehen müssen, man möchte ein gutes Verhältnis.

- Ein andere Ursache ist Unsicherheit: Man ist sich nicht ganz sicher, ob das, was von der deutschen Seite verlangt und gewollt wird, nicht vielleicht tatsächlich doch gut und richtig ist. Also ficht man nicht wirklich für seinen Standpunkt, sondern wartet zunächst einmal die weitere Entwicklung ab.

- Eine dritte Ursache ist die Diffusion von „rational und emotional": Konflikte werden immer personifiziert. Sie bleiben nicht auf einer sachlichen Ebene, sondern werden auf die persönliche Ebene übertragen und betreffen daher stets die gesamte Person. Ein Tscheche hört nicht „Das war schlecht von Ihnen", sondern „Sie sind schlecht." Aus sachlichen Argumenten können somit flugs persönlich beleidigende Äußerungen werden.

- Und eine weitere Ursache ist schlicht das Bedürfnis nach Wohlbefinden: Man hat die Hoffnung, dass sich die Situation noch ändert, dass der Partner seine Meinung noch ändert, dass man sich den Streit sparen kann. Damit löst sich der Konflikt von selbst und man kann sich jetzt Stress sparen.

**Das bedeutet für Ihr Verhalten**:

1. Seien Sie sich grundsätzlich der Tatsache bewusst, dass eine Problembesprechung überhaupt nur bei gesicherten, intakten Beziehungen funktionieren kann. („Problem" ist in tschechischen Augen gleichbedeutend mit „Konflikt"!)

2. Sprechen Sie einen Konflikt nur an, wenn er wirklich wichtig ist. Der Normalfall heißt nämlich: Störungen glatt bügeln, so dass sie die Beziehungsebene nicht mehr beeinträchtigen. Wird etwas unnötigerweise expliziert, dann kann das zu einer Verschlimmerung der Situation führen.

3. Beachten Sie das, was Sie als Feedbackregeln gelernt haben: Ich-Form; eigene Betroffenheit ausdrücken; die Handlung des Partners nicht bewerten usw.

**Empfehlungen für Tschechen, die mit Deutschen arbeiten:**

1. Haben Sie Mut! Getrauen Sie sich zu sagen, was Sie meinen. Versuchen Sie einfach, Ihren Standpunkt darzulegen und ihre Position deutlich zu machen – ruhig, aber nachhaltig. Vermeiden Sie dabei Aggressionen, sondern sagen Sie einfach, was Sie denken. Sie werden von der Wirkung überrascht sein: Einer, der für seine Sache und seine Anliegen eintritt, erhält Respekt! Ihn kann man nicht übergehen und überhören, sondern man muss und kann (!) sich mit ihm auseinandersetzen.

2. Glauben Sie uns, wenn Deutsche (auf sachliche Art) Kritik äußern und mit Ihnen Probleme besprechen, dann ist das ein Zeichen von Wertschätzung und Respekt. Denn sie nehmen Sie als Partner ernst. Sie wollen mit ihren Kommentaren und Ergänzungen konstruktiv sein und mit Ihnen zusammen das Beste in einer Sache erreichen. Versuchen Sie einmal, Kritik und Problemgespräche unter diesem Aspekt zu sehen!

3. Es ist besser, über eine schlechte Situation rechtzeitig zu informieren und damit eine mögliche Katastrophe zu verhindern. Überwinden Sie die Peinlichkeit, die Ihnen das verursacht.

4. Versuchen Sie, so gut Sie können, die tatsächlichen Probleme auf den Tisch zu legen. Nur das ist für Deutsche eine Basis, um gemeinsam eine Lösung zu suchen. Und bemühen Sie sich dabei, die Störquellen einfach sachlich zu benennen.

5. Benutzen Sie keine Ausreden, sondern schlagen Sie erste Lösungen vor, um dem Deutschen den Wind aus den Segeln zu nehmen.

6. Üben Sie zu diskutieren, Einwände zu bringen, Erklärungen für Ihre Position zu bringen. Deutsche brauchen ein solches Gegengewicht, um Kompromisse zu erarbeiten.

7. Lassen Sie die Deutschen erleben, wenn und dass Sie Recht haben. Darauf dürfen Sie dann auch später nochmals hinweisen. So lernen Deutsche, Ihnen zuzuhören und Sie als Partner ernst zu nehmen.

**Empfehlungen an Deutsche, die mit Tschechen zusammenarbeiten (Fortsetzung):**

4. Gehen Sie auf der Beziehungsebene mit Kritik behutsamer um, nehmen Sie auf die Gefühle Ihres tschechischen Mitarbeiters Rücksicht. Konstruktive Konfliktgespräche sind nur dann zu führen, wenn die Beziehungsebene gesichert ist, eine angstfreie Atmosphäre hergestellt werden kann, die zu Stellungnahmen ermutigt (unter vier Augen, informelle Ebene!), und der Person deutlich Wertschätzung entgegengebracht wird. Eine sozial verträgliche Dosierung (nicht alles auf einmal!) ist das Heftpflaster für den Wunsch nach weitgehendem Wohlbefinden.

5. Reagieren Sie auf Fehler der Tschechen mit einer inneren Grundeinstellung, die besagt: Ein Fehler ist nichts Schlimmes. Wir sind dazu da, Fehler zu machen und sie als Chance zu sehen. Diese innere Haltung lässt sie so reagieren, dass die Angst der Tschechen nach und nach kleiner wird.

6. Kritisieren Sie inhaltlich mit Samtpfötchen: An der Stelle war etwas gut, an der Stelle könnte man es auch so machen... Und dann erklären Sie, warum, wieso, weshalb. Bemühen Sie sich, ausschließlich die Sachebene anzusprechen, keine Bloßstellung, keinen Vorwurf, keine Schuldzuweisung zu äußern. Optimale Formulierungen gehen in folgende Richtung: „Ich habe noch ein paar Hinweise. XXX können wir verbessern. Sie bewältigen das sicher."

7. Müssen Sie an tschechischen Vorschlägen Änderungen vornehmen, dann tun Sie das gesichtswahrend: Nicht pauschal abqualifizieren, sondern Brauchbares aufgreifen, verstärken. Nur Korrekturen einbringen, ein paar zusätzliche Gesichtspunkte ergänzen usw., aber den tschechischen Vorschlag als Grundlage nehmend.

8. Bemühen Sie sich, die Kritik der tschechischen Seite an Ihnen (Angriffe, Andeutungen) in der Situation wegstecken und darauf nicht aggressiv zu reagieren! Zurückhaltung ist angesagt und natürlich ein Zugeben der Fehler, die wirklich auf Ihrer Seite liegen.

9. Wenn es Ihnen möglich ist, reagieren Sie auf eine Ausrede der tschechischen Seite mit einer humorvollen Bemerkung, die zeigt, dass sie verstanden haben – die Peinlichkeit für die Person sowie den eigentlichen Sachverhalt.

10. Wenn Sie die tatsächliche Meinung Ihrer tschechischen Kollegen oder Mitarbeiter zu einem Konfliktpunkt erfahren wollen, dann müssen Sie sich oft mühsam an die Zusammensetzung des Puzzles machen: Viele Leute in möglichst angenehmen Settings fragen und sich dann Stück für Stück auf die explizit geäußerten Worte und im Kontext erfühlten Signale einen Reim machen.

11. Wenn Sie ein cholerischer Typ sind, warnen Sie Ihre tschechischen Kollegen vor: „Heute ‚rauche' ich wieder". Das lässt Sie nicht als Diktator erscheinen, sondern als Mensch mit einer Schwäche. Darauf kann man sich einstellen, damit kann man umgehen.

12. Um Ihre Kritik vom Verdacht der Willkür zu befreien, hilft es auch, verursachte Schäden aufzuzeigen, verursachte Kosten zu benennen, den Kunden persönlich einmal zu Wort kommen zu lassen – entweder in Form des Reklamationsschreibens oder als persönlichen Besuch. Das kann durchaus auf kollegiale Art (ohne Vorwürfe) erfolgen. „Schauen Sie, was Sie bewirkt haben...".

13. Konflikte muss die deutsche Seite ansprechen, die Tschechen tun das nicht. Wenn Sie nun einfühlsam, offen, vorsichtig und um eine gute Beziehung bemüht agieren, dann sind solche Gespräche möglich. – Bereits bei Unklarheiten, sich anbahnenden Konflikten, spürbaren Spannungen gilt: nachfragen, reden, ansprechen. Konfliktvermeidung heißt bei intakten Beziehungen oft: Wenn jemand den Anstoß gibt zu einem Gespräch, dann sage ich schon etwas, aber von mir aus sage ich nichts.

14. Bei Problembesprechungen aller Art müssen Sie Geduld aufbringen. Fragen Sie mehrfach nach, immer wieder, bei jedem Meeting. Nur dann kommen Tschechen aus ihrer Reserve.

15. Zu guter Letzt: Beachten Sie, was Sie zum Thema „Kontextbezug der Kommunikation“ und zum Thema „Diffusion“ bereits gelernt haben. Das lässt Sie Signale erkennen und den richtigen Ort und Zeitpunkt für ein Konfliktgespräch finden.

## 2.8. Kulturstandardpaar: schwankende Selbstsicherheit versus stabile Selbstsicherheit

| **Zentrale Fragestellung**: |
| --- |
| Wie tritt jemand auf – selbstsicher oder nicht? |

### 2.8.1. Der tschechische Kulturstandard „schwankende Selbstsicherheit"

Tschechen unterliegen in ihrer Selbstsicherheit mitunter größeren Schwankungen. Sie pendeln zwischen Bescheidenheit und Understatement einerseits und Selbstüberschätzung und Übertreibung andererseits. Manchmal erscheinen sie fast unterwürfig, um dann wieder zu glauben, sie seien um Längen besser und anderen klar überlegen. Das gilt sowohl interindividuell, d. h. manche Tschechen zeigen ein eher zu großes und andere ein eher zu geringes Selbstbewusstsein; das gilt aber auch intraindividuell, so dass ein- und dieselbe Person mal in die eine Richtung und mal in die andere Richtung tendiert. Extrem gesagt: Es kann jemand vormittags ohne jede Formalie einen Firmenwagen ausgeben, um nachmittags drei Bleistifte nur gegen die Unterschrift des Generaldirektors herauszurücken. Der Grund dafür ist immer Unsicherheit in der Selbsteinschätzung, die eine Unterschätzung oder eine Überschätzung der eigenen Fähigkeiten, der eigenen Stärken und der eigenen Leistung zur Folge hat.

#### *Zu geringe Selbstsicherheit*

Für die Mehrheit der Nation ist ein gewisser Minderwertigkeitskomplex bzgl. der (vormals) westlichen Welt vorherrschend: Alles Westliche hat ein hohes Image. Westliche Waren werden geschätzt, zu westlichen Fachleuten wird vielfach aufgeblickt, Reisen und Kontakte in den Westen gelten als attraktiv. Von daher verhält man sich gegenüber allen Westlern tendenziell „niederrangig", manchmal „unterwürfig".

In vielen Dingen sind sich Tschechen tatsächlich unsicher und das schlägt auf das Verhalten durch: Sie lernten erst mit der Marktwirtschaft, die eigenen Qualitäten kundzutun, sich selbst darzustellen und sich zu „verkaufen". Somit sind viele immer noch unsicherer, bescheidener und zurückhaltender. Tschechen tun sich nicht nur wegen der bereits beschriebenen Konfliktvermeidung (vgl. 2.7.) schwer, ihre Meinung zu äußern oder anderen gegenüber genau nachzubohren. Oft sind sie schlicht nicht mutig und „frech" genug. Somit fallen auch viele mit ihrer Meinung um und ändern sie (scheinbar) noch während des Gesprächs. Tschechen haben Angst, etwas falsch zu machen. Sie haben Angst, sich zu blamieren und „blöd" auszusehen. Auch das ist eine Wurzel für ihre Zurückhaltung: Lieber sage ich nichts als etwas

Falsches. Kritik auszuweichen ist also nicht nur ein Reflex der Konfliktvermeidung (vgl. 2. 7.), sondern es ist auch Selbstschutz, um nicht abzustürzen in ein schmerzhaftes, negatives Selbstbild.

Auch hinter einem überbürokratischen Verhalten, das in Tschechien durchaus zu erleben ist, versteckt sich die Angst, etwas falsch zu machen.

Ein „anständiger", „wohlerzogener" Tscheche tritt grundsätzlich eher bescheiden, zurückhaltend oder höchstens kumpelhaft auf, nicht assertiv oder gar aggressiv. Außerdem hört er gut zu. Einem Tschechen soll man eher nicht anmerken, was er alles im Kopf hat – das wird als Zeichen von wahrer Bildung und Größe geschätzt. Überdies gehört es zur Höflichkeit, sich permanent zu entschuldigen für im Grunde unbedeutende, subperfekte Dinge des Alltags. Zudem existiert eine Fülle rhetorischer Floskeln, wie z. B. „Das ist schwer zu sagen..." als Einleitung zur Antwort auf eine Frage.

Grundsätzlich wirkt Schwäche auf Tschechen sympathisch. Dem Schwachen drückt man die Daumen, auf seiner Seite steht man.

Gleichzeitig haben Tschechen ein sehr fein ausgeprägtes Gespür für etwaige Asymmetrien in Beziehungen: Ausführliche Erklärungen von Verfahren „stempeln" den, dem erklärt wird, zum Dümmeren. Eine strukturierte, inhaltlich umfassend vorbereitete Präsentation kann „überrollend" und atemberaubend dominant wirken. Als Hilfe apostrophierte Handlungen werden in ihrer Richtung deutlich von oben nach unten erlebt. Manchmal genügt allein die Tatsache, dass eine Firma in deutschem Besitz ist, um ein Gefühl der Benachteiligung auszulösen.

Die Sprache spielt eine nicht zu vernachlässigende Rolle. Die Tatsache, dass Deutsche nur in Ausnahmefällen Tschechisch sprechen, so dass die Kommunikation normalerweise in Deutsch stattfindet, führt in jeder Begegnung zu einem Ungleichgewicht und zu Gefühlen der Unvollkommenheit auf Seiten der Tschechen.

***Übersteigerte Selbstsicherheit***

Tschechen auf prestigeträchtigen und machtvollen Positionen werden zu einem ansehnlichen Teil als das glatte Gegenteil geschildert. Sie scheinen teilweise ihre Macht ungehemmt auszuleben und andere spüren zu lassen – Tschechen wie Deutsche. So äußern sie mitunter Ansprüche, z. B. Gehaltsforderungen oder Forderungen nach Statussymbolen, die der Relation zur Leistung, zu analogen Positionen im Mutterhaus oder zur Größe der Firma in Tschechien nicht entsprechen, sondern als „überzogen" beurteilt werden müssen. Auf derselben Linie liegen auch Verhaltensweisen dieses Personenkreises, die von (anderen) Tschechen wie von Deutschen als Angeberei erlebt werden. Es scheint manchmal so, als wäre eine Firma nur dann viel wert, wenn sie Statussymbole bereitstellt und viel in Repräsentation investiert.

Einige berufliche Zielvorgaben, die sich Tschechen setzen, sowie die Vorstellungen über manche betriebliche Möglichkeiten halten Deutsche aufgrund ihrer Erfahrung für gänzlich unrealistisch. Im Transformationsprozess erleben sich manche Tschechen als die „Amerikaner Europas“, die sich hocharbeiten und viele (alle?) andere europäische Länder überflügeln werden.

Das Verhältnis zu Deutschen ist von besonderen Zügen geprägt. Manchmal werden Deutsche im Alltag mit einem anderen Maßstab gemessen: Sie zahlen höhere Preise oder erfahren eine diskriminierende, unfreundliche Behandlung dann, wenn sie sich in einer normalen und keiner machtvollen Position befinden. Obgleich Tschechen oft in einen Wettbewerb treten, um sich und anderen die eigene Leistung zu beweisen, stimuliert sie der Wettbewerb mit Deutschen besonders und der Sieg in diesem Wettbewerb erfüllt sie mit besonderem Stolz. Tschechen suchen sich dazu gerne Felder, in denen sie besser sind (z. B. findiger). Das Gefühl der Überlegenheit gegenüber den betreffenden Deutschen wird dann demonstriert und besonders genossen und nährt das Selbstbild, eigentlich besser und schlauer zu sein. Der Wettbewerb zwischen Deutschen und Tschechen wird von beiden Seiten nicht immer fair geführt: Wenn Deutsche Zweitklassiges ausrangieren, weil es für die Produktion in Tschechien „noch taugt“, kränkt das die Tschechen sehr; wenn Tschechen einen Deutschen als „bad guy“ benutzen und anderen Tschechen vorspielen, wie sehr sie dieser knebelt, dann fühlt sich der Deutsche „missbraucht“.

#### *Vor- und Nachteile*

Der *Vorteil* der schwankenden Selbstsicherheit liegt darin, dass die meisten Tschechen sehr nett und umgänglich, kollegial und fast kumpelhaft erlebt werden. Der *Nachteil* ist, gerade was den Kontakt mit Deutschen betrifft, dass Tschechen es den Deutschen oft schwer machen, sie als gleichwertige und gleichrangige Partner zu erleben und als solche dann auch zu behandeln: Treten Tschechen zu bescheiden auf und Deutsche nehmen die ihnen scheinbar angebotene stärkere Rolle an, werden die Tschechen erneut beleidigt; provozieren Tschechen scheinbar extrem selbstsicher einen Machtkampf mit den Deutschen und die Deutschen erwidern ihn, dann verstärken sich ebenfalls alte Rivalitätsmuster.

### *2.8.2. Der deutsche Kulturstandard „stabile Selbstsicherheit”*

#### *Arroganz*

Tschechen charakterisieren Deutsche stets als betont selbstsicher. In einer weniger schmeichelhaften Formulierung nennen sie sie arrogant. Was verbirgt sich dahinter? Wenn wir Deutsche mit den Geschichten konfrontierten, die die Tschechen als Beispiele der Arroganz interpretierten, dann nannten Deutsche folgende Gründe für ihr Tun: Leistungsbewusstsein, Professionalismus, Kompetenz, Glaubwürdigkeit sowie Streben nach

Akzeptanz, Ansehen, Anerkennung und Karriere. Und das sind für sie im Berufsleben alles positiv besetzte Begriffe.

Der Ausgangspunkt ist vielfach der, dass Deutsche gerne den Eindruck erwecken, von einer Sache etwas zu verstehen und in einem/ihrem Gebiet Experten zu sein (vgl. 2.1.: Sachorientierung). Und nun kommen Typiken, die wir bereits von der Beschreibung des typisch deutschen Kommunikationsstils kennen:

- Deutsche sagen ihre Meinung, klar und deutlich (vgl. 2.6.: schwacher Kontextbezug der Kommunikation) – ob gefragt oder nicht.

- Sie scheuen sich nicht, anderen zu widersprechen, sie auf (vermeintliche) Fehler hinzuweisen, sie zu korrigieren, Kommentare abzugeben und sich auf Streitgespräche einzulassen (vgl. 2.7.: Konfliktkonfrontation).

- Sie reden im Brustton der Überzeugung (vgl. 2.4.: regelorientierte Pflichtbewusstsein).

- Aber entscheidend ist nun, wie Deutsche ihre Aussagen vortragen – oft strukturiert vorbereitet, stets unüberhörbar und sicher.

- Das, was sie sagen, unterstreichen sie nonverbal mit Signalen, die als „angstfrei", „souverän" oder „stark" interpretiert werden können. Sie reden scheinbar von Zweifeln unangefochten.

- Sie „predigen" geradezu ihre Meinung, ihre Strategie, die Verfahren in ihrem Unternehmen und wollen offenbar nun andere überzeugen.

- Sie halten am eigenen Standpunkt und an den eigenen, einmal erlernten Kenntnissen lange fest und zeigen wenig Offenheit und Toleranz für andere Ansichten. Sie hören nicht aufmerksam und interessiert zu und scheinen, neues, anderes oder zusätzliches gar nicht wissen zu wollen.

- Der deutsche Tonfall ist generell etwas lauter als der tschechische, die Sprache härter. Auch das wirkt (unangenehm) selbstsicher.

- Ein weiterer Aspekt der Selbstsicherheit liegt darin, dass Deutsche es gewohnt sind, ein gewisses Marketing für sich selbst, ihre Firma, ihre Vorhaben, ihre Erfolge usw. zu betreiben. – Schließlich muss man sich von der Konkurrenz abheben. – Das geht über die Berufsgruppen, beispielsweise Verkäufer, für die es zweifellos elementar wichtig ist, sicher zu wirken, weil niemand an seinem Produkt zweifeln darf, weit hinaus. Selbstdarstellung und -präsentation ist immer ein wichtiges Thema, wie auch die Präsentation von Produkten. Firmengebäude haben ebenfalls repräsentativ zu sein und für Besucher wird auf den optischen Eindruck eines Büros Wert gelegt. Deutsche haben dabei das Gefühl, dass es völlig in Ordnung ist, das zu zeigen, was man ist und was man kann. So machen Deutsche in tschechischen Augen dauernd und für alles, sogar zur rein firmeninternen Kommunikation, Präsentationen. Ihren geübteren Stil, dabei das Publikum anzusehen, nicht zu murmeln und fließend zu sprechen, weil sie die Sache im Kopf haben, finden sie gut. Mit der allgegenwärtigen Selbstdarstellung wird auch die Konkurrenz unter Deutschen offener ausgetragen. Gerade nach oben hin ist jeder um eine möglichst positive Selbstdarstellung bemüht. Ein wirksames Mittel ist, sich als jemanden auszuweisen, der in vorbildlicher Weise die Vorgaben, Erwartungen und Regeln erfüllt.

***Vor- und Nachteile***

Die deutsche Art, beruflich selbstsicher aufzutreten, wirkt beeindruckend und durchaus professionell. Zur Umsetzung dieses Beeindrucktseins in tatsächliches, motiviertes Handeln bedarf es dann für die Tschechen aber noch vieler zusätzlicher und manchmal geradezu gegensätzlicher Elemente – das wissen wir inzwischen nach der Lektüre dieses Buches.

Selbstsicherheit – und das ist ein bedeutsamer Nachteil – veranlasst manchen Deutschen zu glauben, Tschechen nicht zuhören zu müssen, ihre Argumente übergehen zu können, die Wahrheit gepachtet zu haben. Dann haben wir einen wahren „Überzeugungstäter“ vor uns (vgl. 2.5.: Diffusion), der sich in seiner Rolle vermutlich tatsächlich zu sicher ist.

Selbstsicherheit wirkt auf Tschechen nicht unbedingt sympathiefördernd, sondern manchmal als Anlass zum Rückzug, manchmal als Aufforderung zum Kräftemessen. In beiden Fällen kann so ein für tschechischen Geschmack zu forsches Auftreten die Kooperationsbasis zerstören.

### ***2.8.3. Die Dynamik des Kulturstandardpaars „schwankende – stabile Selbstsicherheit”***

Ein Grund für die überwiegend geringere Selbstsicherheit liegt darin, dass Tschechen stets als ganze Person agieren, also fast nie nur in der Rolle. Dieser Aspekt ist ein wesentlicher Anstoß zum Pendeln zwischen geringer und hoher Selbstsicherheit, denn Tschechen müssen sich bei einem neuen Kontakt erst ihre Position gegenüber dem Partner erobern, da die Rolle alleine dafür nicht ausreicht. Zudem sind sie sich immer und überall ihrer Stärken und Schwächen mehr bewusst und fühlen sich der Gefahr ausgesetzt, dass die Schwächen zum Vorschein kommen könnten. Somit treten Sie zunächst scheuer, schüchterner, zurückhaltender auf, um sich keine Chance zu verwirken. Die möglicherweise übersteigerte Selbstsicherheit kann dann eintreten, wenn sich jemand in seiner Rolle gerade mal unanfechtbar wähnt.

Aber: Nicht jede Zurückhaltung entspringt geringerer Selbstsicherheit. Oftmals warten Tschechen einfach eine Situation lieber ab. Ihre Devise ist es, besser „die Zunge hinter den Zähnen halten”, d. h. zu schweigen, als eine Unannehmlichkeit in Kauf zu nehmen (vgl. 2.7.: Konfliktvermeidung). Understatement oder Sich-dumm-Stellen kann durchaus auch mal Taktik sein, um sich Vorteile zu verschaffen.

Deutsche hegen etliche Zweifel an ihrer Selbstsicherheit, weil sie sie keineswegs für durchgängig halten: Ja, beruflich fühlen sie sich selbstsicher, wenn sie in ihrer Rolle agieren und sich in ihrem Fachgebiet wirklich als Experten fühlen, die wissen, wovon sie reden und weshalb sie Dinge genauso und nicht anders handhaben. Doch im Bereich der Beziehungen mit Tschechen sehen sie diesen Tatbestand nicht mehr unbedingt gegeben. Hier erleben sie sich – und zwar je sensibler, bemühter, korrekter umso mehr – von allerlei Unsicherheiten eingeholt. Denn die Geschichte lastet schwer auf ihnen. Ein positives Nationalbewusstsein existiert vor allem als Stolz auf die wirtschaftlichen Leistungen, aber keinesfalls als ungebrochene nationale Identität. Das geht so weit, dass es in gewisser Weise schon typisch deutsch ist, kein Deutscher sein zu wollen: Deutsch als wirtschaftliches Güte- und Qualitätssiegel ja, aber nicht als Beschreibung charakterlicher Attribute. Für viele Deutsche ist lediglich die regionale Identität positiv besetzt – ein Bayer, ein Hamburger, ein Kölner zu sein, das ist in Ordnung.

Wir können somit mit Sicherheit sagen, dass Deutsche in ihrer Selbstsicherheit massiven Pendelbewegungen ausgesetzt sind. Doch solange ein Kontakt nur beruflicher Natur ist (Rolle), bleibt diese andere deutsche Seite an einer Person völlig unbekannt. Sie offenbart sich wegen der damit verbundenen intensiven Gefühle nur einem Freund.

### *2.8.4. Beispiele*

Viele Tschechen sind einfach nicht mutig genug, ihre Meinung zu sagen. Es sei denn, das Gegenüber ist vertraut und hat mehrfach gezeigt, dass er selbst ihm nicht willfährige Meinungsäußerungen positiv aufnimmt.

Viele Tschechen suchen nach Bestätigung und freuen sich über Anerkennung und Lob sehr.

Viele sind keine großen Selbstdarsteller. Ihre Qualität zeigt sich leise und durch längere Beobachtung. „Man soll einem Tschechen nicht gleich ansehen, was er drauf hat“, so die Verhaltensrichtlinie für eine „anständige“, höfliche, schätzenswerte Persönlichkeit.

So weit, so gut. Geringe Selbstsicherheit kann sich auch so zeigen:

Ein deutscher Manager hat vor dem Antritt seiner Arbeit in der tschechischen Filiale eines deutschen Konzerns einen Vorbereitungskurs einschließlich eines interkulturellen Seminars absolviert. Am meisten ist ihm im Gedächtnis die Information haften geblieben, dass die Tschechen gerne improvisieren und sich fast in jeder schwierigen Situation zu helfen wissen – es gibt einfach immer eine Lösung. Nach seiner Ankunft in Tschechien wurde der deutsche Manager schon am dritten Tag seines Aufenthalts mit einer Situation konfrontiert, die er nun aber überhaupt nicht verstand: Am Freitag nachmittag musste die Fertigungslinie völlig stillgelegt werden, weil in der technologischen Anlage ein Block ausgetauscht werden musste (der bestehende Block war bereits verschlissen und es fehlten 2 Millimeter seiner Solldicke). Ein Ersatz stand aber zu dem Moment in der Firma nicht zur Verfügung und aus Deutschland würde er erst am Montag kommen. Während der deutsche Manager und auch ein anderer deutscher Kollege intensiv nach einer Lösung suchten, ließ die tschechischen Kollegen von der Maschinenbedienung die Sache kalt. Ein Ersatz sei in der Firma nicht und man könne nichts machen. Da kam dem deutschen Manager eine rettende Idee: Er nahm ein kurzes Stück harte Pappe und unterlegte damit den bestehenden Block. Die Anlage begann wieder zu funktionieren – bis Ende der Freitagsschicht würde sie sicherlich halten. Sobald er diese Lösung umgesetzt hatte, sah er den tschechischen Mitarbeiter an und dieser kommentierte die Situation mit folgenden Worten: „Dies ist aber keine Lösung nach unseren Standards.“ Der Deutsche war konsterniert. Dies soll die tschechische Improvisation sein?

Tja... Die tschechischen Mitarbeiter haben sozusagen „überlernt“. Sie passten sich derart an, dass sie Improvisation an dieser Stelle nicht mehr wagen würden. Zu oft waren sie in der Vergangenheit von anderen Deutschen „korrigiert“ worden. Und da sie gute Mitarbeiter sein und als solche anerkannt werden möchten, handeln sie nun eben regelkonform.

### *2.8.5. Zusammenfassung und Empfehlungen*

| **schwankende Selbstsicherheit**<br><br>**(CZ)** | **stabile Selbstsicherheit**<br><br>**(D)** |
|---|---|
| Üblicherweise herrscht Bescheidenheit vor<br><br>• Minderwertigkeitsgefühl / Selbstunterschätzung / Unsicherheit / Understatement<br>• hoher Stellenwert von Statussymbolen<br>• Motivator: jemanden beim Stolz erwischen<br>• Wettbewerb in vielen Situationen, um sich zu beweisen<br><br>Zur Schau getragene Selbstsicherheit statushoher Personen (z. B. Beamter) | Deutsche sind „arrogant“:<br><br>• reden im Brustton der Überzeugung<br>• verteidigen den eigenen Standpunkt<br>• betreiben Selbstmarketing<br>• sind geübt im öffentlichen Auftreten<br>• scheinen unangefochten von Selbstzweifeln und Ängsten |

**Empfehlungen für Deutsche, die mit Tschechen arbeiten:**

1. Bemühen Sie sich um Gleichheit und um die Herstellung eines Kontakts auf derselben Augenhöhe. Nicht nur, dass jede unterschwellige Überheblichkeit ohnehin fehl am Platze ist, sie bewirkt auch garantiert kompensatorische Reaktionen.
2. Nehmen Sie sich in Ihrem Auftreten etwas zurück. Denken Sie immer daran: das ist Höflichkeit und zudem wirkt Schwäche sogar sympathisch.
3. Treten Sie nie als einer auf, der etwas besser kann. Den größten Erfolg haben Sie, wenn Sie sich als ganz normalen Menschen definieren. Denn dann wird seitens der Tschechen die Zurückhaltung aufgegeben. – Wenn Sie tatsächlich einen Kenntnisvorsprung haben, dann wissen das ohnehin beide Seiten und es muss nicht zum Ausdruck gebracht werden. Das gilt sonst als Charakterschwäche: Ein intelligenter, gebildeter Mensch benimmt sich vorwiegend bescheiden.
4. Loben Sie auch bitte nicht zuviel. „Denkt der, er muss mich aufbauen?!?" könnte die Interpretation sein, die genau das Gegenteil Ihrer Absicht bewirkt.
5. Gehen Sie nicht davon aus, dass Sie am Auftreten eines tschechischen Kollegen erkennen können, was „er im Kopf hat". Bescheidenheit ist viel häufiger eine Zier als in Deutschland.
6. Entschuldigungsfloskeln sind kein Spiel, sondern Ausdruck tschechischer Höflichkeit.
7. Erwarten Sie zu Beginn Ihrer Kooperation keine Diskussion – sie kommt nicht von der tschechischen Seite. Denken Sie zunächst einmal selbst die tschechische Perspektive mit.
8. Und dann ermuntern sie Ihre tschechischen Kollegen immer wieder, sich zu äußern. Warten Sie in Teamgesprächen, bis sie etwas sagen. Legen Sie dabei die maximale Passivität an den Tag, zu der Sie in der Lage sind.
9. Unterstützen Sie einen tschechischen Kollegen, wenn er repräsentative Aufgaben übernehmen soll, aber davor sichtlich Angst hat. Besprechen und beraten Sie sich vorher mit ihm. Lassen Sie sich ihn langsam in der ersten Reihe eingewöhnen. Bestärken Sie ihn positiv und seien Sie ihm menschlich eine Stütze.
10. Es besteht viel Angst, etwas Falsches zu sagen. Haben Sie Geduld! Ermuntern Sie! Arbeiten sie positiv verstärkend! Wird Ihre Erwartung nicht (ganz) erfüllt, dann halten Sie sich mit Kritik zurück, geben Sie einfach Hilfestellung.
11. Packen Sie Ihre tschechischen Kollegen auch beim Stolz: Ihr könnt das! Zeigt es! – Und später zitieren Sie diese Erfolge und Ideen wieder...
12. Geben Sie es zu, wenn Sie sich geirrt, aber Ihr tschechischer Kollege Recht hatte. Seine eigenen Fehler, seine Vorurteile oder auch seine Arroganz einzugestehen, wirkt sympathisch.
13. Was die Sprache anbelangt, setzen Sie Dolmetscher ein. Pragmatisch gesehen zwingt Sie das zum Wesentlichen, lässt zumindest keine sprachlich verursachten Missverständnisse aufkommen und die Tschechen können und werden nicht sagen, dass sie etwas nicht verstanden haben. Ideell ist damit Gleichheit und Fairness hergestellt.
14. Lernen auch Sie Tschechisch und handeln Sie sich damit alle die Nachteile ein, die das Benutzen einer Fremdsprache mit sich bringt.

**Empfehlungen für Tschechen, die mit Deutschen arbeiten:**

1. Wenn Sie zu den Tschechen mit eher niedriger Selbstsicherheit gehören, legen Sie etwas Power – Nachdruck, Hartnäckigkeit, Ausdauer – zu. Das entspricht sicher den Tatsachen und wirkt auf Deutsche professionell. Haben Sie den Mut, zu Ihrem Können zu stehen! Wenn die Deutschen dann sehen, dass Sie Recht haben, dann werden sie Ihnen zunehmend mehr glauben und mehr vertrauen.

2. Nehmen Sie das Auftreten eines Deutschen keinesfalls persönlich gegen Sie gerichtet! Der Deutsche präsentiert sich lediglich selbst. Er tut das nicht gegen Sie, um Sie z. B. klein zu machen oder weil er Ihnen zeigen will, dass Sie blöd sind. Das ist überhaupt nicht seine Absicht, ja, auf diese Idee käme er nicht einmal! Er will nur sich und seine Sache in einem möglichst günstigen Licht darstellen!

3. Sehen Sie sich bitte ganz realistisch die Bedingungen an, unter denen Sie und Ihre Firma arbeiten, z. B. Kapital, Macht, Aktionärsstruktur. – Oft sind diese Faktoren derart dominant, dass es unzutreffend ist, konkreten deutschen Führungskräften Übles zu unterstellen, weil auch sie keinen Spielraum haben. Wirtschaftsphänomene sind nicht anti-tschechisch oder pro-deutsch, sondern haben ihre eigenen Gesetze.

4. Vorsicht mit empfindlichen historischen Themen, z. B. Okkupation, sudetendeutsche Frage! Diese sind mit Deutschen nur dann besprechbar, wenn schon eine nahe Beziehung (guter Bekannter) besteht. – Dann allerdings evtl. sogar gerne. – Sie können nie wissen, was in der Familiengeschichte Ihres deutschen Gegenübers passiert ist und welche Schuld- oder Opfergefühle Sie aufrühren.

**Einige Hinweise (für Deutsche) zur Kommunikation mit Nicht-Muttersprachlern:**

Die tschechischen Kollegen unterhalten sich mit Ihnen auf deutsch. Da das aber nicht ihre Muttersprache ist, sind diese Gespräche mit Schwierigkeiten verbunden: Nicht alles wird verstanden, manches wird falsch verstanden, manches wird nicht auf Anhieb verstanden, das Gespräch ist u. U. (für beide) sehr anstrengend usw. Die folgenden Hinweise sollen Ihnen helfen, den Kontakt mit Tschechen, die nicht fließend Deutsch sprechen, möglichst effektiv zu gestalten.

**Verbales Verhalten**:

- Sprechen Sie deutlich und langsam. Sprechen Sie jedes Wort klar verständlich aus. Sprechen Sie hochdeutsch.
- Verwenden Sie keine Redensarten.
- Wiederholen Sie eine wichtige Idee, indem Sie sie nochmals in anderen Worten ausdrücken.
- Benutzen Sie einfache Sätze. Vermeiden Sie lange Sätze und Nebensätze.
- Verwenden Sie aktive Verben („Wir schrauben zunächst das an...") und vermeiden Sie Passivkonstruktionen („Nachdem das angeschraubt wurde...").

**Non-verbales Verhalten**:

- Geben Sie visuelle Unterstützung und setzen Sie so viele Hilfsmittel wie möglich ein, z. B. Bilder, Grafiken, Skizzen, Tabellen usw.
- Unterstreichen Sie die Bedeutung von Begriffen oder Konzepten durch Körpersprache, Gesten und Bewegungen.
- Demonstrieren Sie so viel wie möglich durch Zeigen oder „Vorspielen".
- Machen Sie Sprechpausen. Unterbrechen Sie Ihren Redefluss häufig und geben Sie Zeit zum Verstehen des Gehörten. Außerdem besteht nur dann für Ihren Partner die Möglichkeit nachzufragen, weil er sich die deutsche Formulierung für seine Frage zurechtlegen kann.
- Machen Sie immer wieder Zusammenfassungen. Händigen Sie auch schriftliche Zusammenfassungen des mündlich Gesagten aus.

**Interpretieren** Sie folgende **Phänomene** richtig:

- Schweigen: Warten Sie, wenn der andere schweigt. Füllen Sie die Pause nicht sofort mit eigenem Reden. Lassen Sie dem anderen Zeit, zu verstehen, zu „übersetzen" oder eine Aussage vorzubereiten.
- Holprigkeit der Sprache: Sprachliche Fertigkeiten sind keineswegs mit Intelligenz gleichzusetzen. Grammatikfehler und schlechte Aussprache sind kein Hinweis auf mangelnde Fachkompetenz oder Intelligenz.
- Unsicherheit: Sobald Sie sich unsicher sind, ob Sie Ihr Partner verstanden hat, können Sie davon ausgehen, dass er höchstwahrscheinlich nicht verstanden hat, was gemeint war. Überprüfen Sie das Verständnis. Fragen Sie dabei nicht einfach, ob der andere verstanden hat oder nicht. (Er wird Ja sagen, denn er hat ja irgendetwas verstanden.) Fragen Sie besser, ob Sie sich klar ausgedrückt haben und bitten Sie Ihren Partner, in seinen Worten zu wiederholen, was er verstanden hat.

**Wenn Sie etwas referieren oder präsentieren...**

- Bauen Sie Unterbrechungen ein. Unterbrechen Sie die gesamte Besprechung oder Veranstaltung häufiger. Inhalte in einer Fremdsprache zu verstehen oder zu vermitteln, erfordert nämlich große Anstrengung.
- Teilen Sie das Material in kleine Einheiten auf.
- Planen Sie mehr Zeit ein – für jede Einheit.

**Motivation**

- Ermutigen Sie Ihre Partner. Bestätigen Sie sie immer wieder.
- Motivieren Sie Anfänger in der Fremdsprache. Seien Sie geduldig und unterstützend und geben Sie sich Mühe zu erkennen, was Ihr Partner ausdrücken will. Anerkennen Sie die Mühe und bringen Sie Ihren Partner nicht in Verlegenheit.
- Beziehen Sie passive oder stille Zuhörer bewusst in das Gespräch ein.

## 2.9. *Der hässliche Deutsche und der hässliche Tscheche*

Die deutschen und die tschechischen Kulturstandards beschrieben wir in der Absicht, dass vieles von dem, was am jeweils anderen auffällt, verständlich wird, angemessener bewertet werden kann und Missverständnisse verhindert. Daher bemühten wir uns, die beiden kulturellen Logiken möglichst neutral darzustellen und gegebenenfalls die guten Absichten, die für den anderen zunächst unsichtbar in ihnen stecken, aufzudecken und zu schildern. Doch es gibt natürlich auf beiden Seiten leider nicht nur positive, ehrenwerte und liebenswürdige Menschen, die guten Willens sind, sondern es gibt auch Problemfiguren. Diese scheinen die üblen, negativen Vorurteile beider Seiten voll zu bestätigen, wenn nicht zu überbieten. Dennoch verhalten sich solche Problemfiguren – hässliche Deutsche und hässliche Tschechen – auf eine gewisse Weise schon auch „typisch deutsch" bzw. „typisch tschechisch". Wir möchten nun ein paar häufiger vorkommende Varianten eines hässlichen Deutschen und eines hässlichen Tschechen schildern. Dem Leser sollen dabei Merkmale aufgezeigt werden, mit denen er leichter zwischen „normal" und „hässlich" differenzieren kann. Zudem sollen ihm Tipps an die Hand gegeben werden, wie er solchen Leuten begegnen kann.

### *Der hässliche Deutsche*

Da gibt es als erstes den **autoritären** Typen. Er mag vorkommen in der Rolle als Chef, als Kunde oder als Geschäftspartner.

Er kann beispielsweise...

... scheinbar seine betriebliche Rolle spielen, aber dabei emotional doch aus der Rolle fallen in einem der Sache und den Menschen unangemessenen Tonfall,

... in einer ungezügelten Direktheit sprechen (und schreien), die verletzt und Verletzungen einkalkuliert,

... Konflikte aus einer scheinbar überlegenen Position provozieren,

... bewusst den anderen einschüchtern wollen,

... auf Struktureinhaltung aus Prinzip und bei willkürlichen Details pochen ohne jede Bereitschaft zum Zuhören, geschweige denn zur Diskussion – gegebenenfalls selbstherrliche Entscheidungen treffend,

... nicht nur sachorientiert, sondern scheinbar sachversessen sein und jeder anderen Regung unzugänglich.

Und da gibt es als zweiten Typ den **Nörgler**, den **Besserwisser**, den **ewig Unzufriedenen** als Chef, Kunden, Kollegen oder Mitarbeiter. Er zeigt nicht einen Funken des Interesses an einer angenehmen Atmosphäre, sondern gibt für das schlechte Klima sogar noch grundsätzlich anderen die Schuld, weil diese sich natürlich wieder einmal nicht sachlich korrekt und rollenkonform verhalten hätten. Nur er selbst ist gut und frei von Tadel, was ihn sehr arrogant auftreten lassen kann. Auch scheint er Konflikte richtiggehend zu suchen, wobei er Normen und Strukturen als argumentatives Futter benutzt.

Auffällig ist, dass beide deutsche Problemfiguren vor allem folgende Kulturstandards bedienen: Konfliktkonfrontation (vgl. 2.7.), Aufwertung von Strukturen (vgl. 2.2.), Sachbezug (vgl. 2.1.) und Trennung von Lebensbereichen, indem sie ausschließlich ihre Rolle auszufüllen vorgeben (vgl. 2.5.). Dabei leben sie diese Kulturstandards zum einen viel zu extrem und zum anderen auch nur selektiv, d. h. nur die Elemente der Kulturstandards betonend, die in ihr „Persönlichkeitsmuster" passen, aber sie leben sie eben. Insofern kann die Abgrenzung „normalen" deutschen Verhaltens zum verhaltensauffälligen „Hässlichen" für Unbekannte und Unvertraute gar nicht eindeutig sein. Es kann eine Weile dauern, bis man das Spiel erkennt. Und es hilft viel, andere nach ihrer Einschätzung zu fragen: ein deutscher Kollege kann dem tschechischen Kollegen viel leichter eine treffsichere Diagnose sagen. Denn er kann aufgrund seiner deutschen Sozialisation fühlen, was „normal" ist und was nicht.

Der Autoritäre und der Nörgler sind meist nicht zu ändern. Der Verhaltensspielraum besteht einzig darin, die eigenen Reaktionen darauf abzustimmen. Und das erfolgt am ehesten dadurch, dass man der Problemfigur auf der Ebene der jeweiligen (deutschen) Kulturstandards Paroli bietet.

- In beiden Fällen gilt es zunächst einmal, sich psychisch zu retten. Die „Trennung der Lebensbereiche" (vgl. 2.5.) erleichtert es, das gezeigte Verhalten nicht als das eigene, sondern als das Problem des anderen zu erkennen. Und dann kann es besser gelingen, sich immer wieder abzuschütteln von dem Erlebten und den Stress in der Arbeit zu lassen.

- Entscheidend ist ferner, sich seine „Selbstsicherheit" zu bewahren (vgl. 2.7.) . Ein psychologisches Spiel funktioniert nur, wenn man es mitspielt. Soweit es geht, sich nicht irritieren zu lassen, keine Angst zu zeigen, in seiner Sache sicher aufzutreten, ruhig seine Position darzulegen oder die Fragen zu beantworten, nimmt Wind aus den Segeln und verhindert eine weitere Eskalation der jeweiligen Situation.

- Selbst „sachlich" zu bleiben (vgl. 2.1.), ist inhaltlich gesehen überhaupt das Maß der Dinge, und sich auf die Tatsachen und Geschehnisse zu konzentrieren: Was passiert, wenn...? Was hatte welche Konsequenzen? Wie lauten die Daten und Fakten? Und konsequent fachlich gut weiterzuarbeiten. Zum Schluss zählt immer das Ergebnis. Und die *eigene* Professionalität ist in Augen aller gerettet. Denn Deutsche werden eine Problemfigur nicht wegen ihres schlechten Sozialverhaltens austauschen, sondern nur aufgrund sachlicher, nachweisbarer Fehler. Sich bei einer höheren Stelle über unangemessenes Benehmen zu beklagen, würde also gar nichts helfen – man weiß im Regelfall um die Problematik – sondern nur das eigene Image schwächen. Nach dem Abgang dieser Person kann dann die Stunde derer (auch der Tschechen!) schlagen, die sich in ihrer guten Arbeit nicht beirren ließen.

- Und das führt zur nächsten Strategie: Man muss die Strukturen (Vertrag, Vorgaben, Rollendefinitionen etc.) kennen (vgl. 2.2.) und dem Hässlichen seine Schranken aufzeigen. Stärke, Recht und Gesetz werden von ihm akzeptiert, sonst nichts. Nur das kann ihm Einhalt gebieten – keineswegs immer freiwillig. Nur bei Nichterfüllung oder einem Verstoß gegen die Struktur ist die Person auch überführbar. Denn nun ist die Faktenlage so, dass (z. B. vom höheren Management) gehandelt werden muss. Falls man sich hier als stärker erweist, hat man den Sieg errungen.

- Wenn die Dynamik nicht total verhärtet ist, gibt es auch noch einen anderen Weg: das psychologische Motiv hinter dem Verhalten zu erkennen und auf dieses zu reagieren. Überraschend oft steckt hinter einem Nörgler Unsicherheit und Angst, hinter einem Autoritären Ohnmacht und Überforderung. Und das gezeigte Verhalten ist der Versuch, sich stark zu geben und die Situation in den Griff zu bekommen. (Schließlich werden auch der Nörgler und der Autoritäre beurteilt – nach deutschen Kriterien – und möchten gut abschneiden.) Auf der Sachebene ist ihm dabei Stärke zu lassen, aber auch eigene Stärke zu zeigen. Und im Hintergrund können ihm Informationen gegeben werden, die seine Unsicherheit und seine Überforderung abbauen und damit das Verhalten mildern, im Glücksfall sogar überflüssig machen können.

### *Der hässliche Tscheche*

Die erste Variante des „hässlichen" Tschechen ist der Typus „**passiv / faul / schnurzegal**". Er ist das Gegenteil von gewissenhaft und motiviert, lässt einfach alles schleifen und schert sich um nichts, denn es ist ja nicht Seines. Seine Einstellung ist: Die Deutschen sollen ihre Sachen selbst machen. Er zeigt keinen Willen zur Zusammenarbeit, sondern er nützt seinen vermeintlichen Spielraum aus, bis ihm von außen klare Grenzen gesetzt werden (2.4.: externale Kontrolle). Seine „Abwertung der Struktur" (vgl. 2.2.) geht zu weit, seine „Gelassenheit" und sein „Entspanntsein" übertreibt er, irgendein „internalisiertes Pflichtbewusstsein (vgl. 2.4.) zeigt er gar nicht.

Und doch besteht bei diesem Typ eine Chance, er könnte motivierbar sein. Er wäre zu fragen: Warum sind Sie passiv? Sollen wir etwas anders machen? – Hat seine Unmotiviertheit einen Grund, der behebbar ist, dann kann sich das Verhalten radikal ändern, dann geht er von der reinen „externalen Kontrolle" zum „internalen Pflicht- und Verantwortungsbewusstsein" über (vgl. 2.4.).

Die zweite Variante könnte man bezeichnen als „**servilen Quatscher**". Eine solche Person zeigt sich höchst (verdächtig?) kooperativ. Er redet den Deutschen – dem Chef, den Kollegen – nach dem Mund, verspricht viel, ist zuvorkommend freundlich ihnen gegenüber, tut aber nichts. Unter Umständen erzählt er sogar, dass die meisten Tschechen schlecht sind, dass man mit ihm aber rechnen könne. Er scheint der Inbegriff eines kooperationswilligen, offenen Mitarbeiters, der alle Vorschläge und Ideen der Deutschen einsieht und gutheißt, ist aber ein Konformist der leeren Versprechungen. Damit führt er die „Konfliktvermeidung" ad absurdum und richtet sich bequem in der deutschen Firma ein – bis er auffliegt (vgl. 2.7.).

Die Konsequenz im Umgang mit ihm kann nur sein: Sich zeigen lassen, was er bisher *getan* hat, seine Handlungen im Detail überprüfen, die eigenen Erwartungen unmissverständlich formulieren und die Resultate kontrollieren – kurz: „externale Kontrolle" (vgl. 2.4.) ausüben.

Zeitigt das keine Wirkung, war das Verhalten also nicht lediglich aus einer „zu geringen Selbstsicherheit“ motiviert, dann ist er zu kündigen.

Die dritte Variante ist der „**Unkorrekte**“. Er nützt eine Situation planmäßig aus und zeigt dabei viel Kreativität und „Improvisationstalent“ (vgl. 2.2.). Die Struktur interpretiert er stets zu seinem Vorteil bis hin zu Betrug und Kriminalität. Dabei ist er aber immer freundlich und höflich, denn diese Form von „Personbezug“ (vgl. 2.1.) schützt ihn vor Zweifeln an seiner Redlichkeit und Verdächtigungen.

Ihm ist nur dadurch zu begegnen, dass man ihn im Falle eines Verdachts genau überprüft. Erhärtet sich die Vermutung und wird zur Anschuldigung, bleibt nur die Kündigung.

Auch als hässlichen Tschechen gibt es als vierte Variante den **Autoritären**. Er spielt freilich diese Rolle anders, nämlich als Kollaborateur. Das bedeutet einerseits: Er verfügt über gute Antennen, was die deutsche Seite will und was ihr gefällt. Weil er aber der Überzeugung ist, dass Deutsche grundsätzlich keine partnerschaftliche Zusammenarbeit kennen, sondern ausschließlich autoritär ihren Willen durchsetzen, und weil er zudem in diesem System Karriere machen möchte, leistet er vorauseilenden Gehorsam. Er zeigt also eine Zuverlässigkeit bis zur Opferbereitschaft auf der Handlungsebene, empfindet aber das Gefühl der Ausbeutung und Ausweglosigkeit auf der emotionalen Ebene. Während er im privaten Kreis jammert, gibt er beruflich diesen Druck nach unten an seine Mitarbeiter weiter – so autoritär, diktatorisch, „rücksichtslos wie die Deutschen mit mir umgehen“. Und zwischendrin bittet er seine Mitarbeiter immer wieder um „Solidarität im Leiden“ und fordert sie ebenfalls zu Opfern auf. Beides mit klarer Schuldzuweisung an die unterdrückerischen Deutschen. Diese Mischung aus „niedriger Selbstsicherheit“ (vgl. 2.8.), „Konfliktvermeidung“ (vgl. 2.7.) und „externaler Kontrolle“ (vgl. 2.4.) existiert unter älteren Managern als Relikt aus Sozialismustagen und unter jüngeren als tschechischer Karrierist und toller Kerl, der sich kapitalistischer gebärdet als die (alten, deutschen) Kapitalisten.

Ein Kollaborateur ist für Deutsche nicht leicht zu erkennen, denn er kann auf der Sachebene durchaus zufriedenstellende bis gute Arbeit abliefern. Ob eine Firma mehr will und den Schaden, den er anrichtet, sehen mag, ist nicht zuletzt eine Frage der gelebten Firmenphilosophie.

### *Was ist zu tun?*

Zunächst einmal müssen sich Deutsche zwei Dinge bewusst machen: (a) Analog dem tschechischen „starken Kontext“ (vg. 2.6.) deckt sich das, was einer sagt, nicht unbedingt mit dem, was er tut. Es gilt also die Mitarbeiter und Kollegen zu beobachten – viel mehr als das in Deutschland der Fall ist. Nur an den Taten ist ein hässlicher Tscheche zu erkennen und von anderen zu unterscheiden. (b) Freundlichkeit ist ein tschechischer Grundton (vgl.: 2.1.: Personbezug). Sie bedeutet für sich genommen nichts und taugt nicht als Kriterium zur Beurteilung eines Menschen. Freundlich (gegenüber deutschen Chefs und Kollegen) sind somit alle.

Mit diesem Wissen im Hinterkopf gilt es, in Tschechien zunächst einmal grundsätzlich vorsichtig das Verhältnis von Vereinbarung und Tun zu überprüfen, also „externale Kontrolle“ (vgl.

2.4.) auszuüben. Das kann durchaus in angenehmer, beziehungspflegender Form geschehen. Stellen sich nun größere Übereinstimmungslücken heraus, dann ist ein gewisses Misstrauen angebracht. Und jetzt kann man sich des „Personbezugs" (vgl. 2.1.) bedienen: Da die anderen tschechischen Mitarbeiter diese (verdächtigen) Leute ja auch kennen, können nun einige von ihnen (mindestens zwei), zu denen eine gewisse Beziehung besteht und die man für fachlich gut einschätzt, um ihre Meinung gefragt werden: Wo und bei wem ist (als Deutscher) eine gewisse Vorsicht angebracht? Diese Informationen können dann als handlungsleitende Hypothesen zur weiteren Beobachtung und gezielten Kontrolle genommen werden. Ist die Situation letztlich nicht zu ändern, dann erwarten die übrigen tschechischen Mitarbeiter ein entschiedenes Durchgreifen und viel häufiger als in Deutschland eine Kündigung. Auch die Betroffenen selbst rechnen damit. Denn im Sinne der „Konfliktvermeidung" (vgl. 2.7.) wollen Tschechen Konflikte lieber schnell *beenden* statt in unangenehmer Weise und mit ungewissem Ende eine „Lösung" anzustreben.

Die dargestellten hässlichen Varianten der Deutschen und der Tschechen sind, das dürfte klar sein, keineswegs nur für die andere Seite ein Ärgernis und ein Problem. „Normale" Deutsche und Tschechen leiden unter ihnen genauso, mögen sie ebenfalls nicht und schämen sich vielleicht sogar für derartige Zeitgenossen. Genau deshalb kann die kulturübergreifende Solidarität der Kollegen so hilfreich, weil so aufschlussreich sein, was evtl. zu tun ist. Und natürlich gilt auch für die Hässlichen, was überhaupt für Kulturunterschiede – vorgestellt als Mittelwertsunterschiede der Normalverteilung – gilt: (a) den hässlichen Tschechen gibt es auch als Deutschen und umgekehrt, und (b) die Grenze zwischen der „Normalität" und der „Hässlichkeit" kann fließend und graduell sein.

# 3. Management der Kooperation

## 3.1. Projektmanagement

Wenn Deutsche jahrelang mit Tschechen zusammenarbeiten und umgekehrt, dann lernen sie (meist) vieles übereinander und voneinander. Oft mündet dieser Lernprozess nicht nur in kulturstandardbezogene Verhaltens- und Einstellungsänderungen, sondern führt auch zu einer Neubewertung der bisherigen Art der Nutzung von Managementtools. Denn die professionellen Fertigkeiten, die z. B. ein Deutscher hatte und selbstverständlich auch in Tschechien anwendete, führten häufig zu Verwunderung. Was gilt eine Projektleitervereinbarung in Tschechien? Wieso funktionieren Zeitpläne nicht? – lauteten vielleicht seine Fragen in einem gemeinsamen Projekt. Es ist also nötig, wenn auch nicht einfach, das jeweilige Tool bzw. die „professionelle Selbstverständlichkeit" eines Teamplayers in deutsch-tschechischen Teams zu betrachten und dann die nötige Anpassung zu überlegen. Das gilt für vieles, wie Führung, Konfliktmanagement, Organisations- und Planungstechniken, Kommunikationsmuster etc. Und das ist Ihnen als Leser bei der Lektüre der Kulturstandards sicher bereits deutlich geworden. In diesem Beitrag wollen wir explizit auf eine häufig vorkommende Situation eingehen, das Projektmanagement, und exemplarisch darstellen, welche Adaptation seine einzelnen Elemente benötigen, um auch in der deutsch-tschechischen Zusammenarbeit ein hilfreiches und zielführendes Tool zu sein. Dabei ist der Darstellung unschwer die häufige, fast übliche Rollenverteilung zu entnehmen: die Deutschen sind die Chefs, die Tschechen die Mitarbeiter.

### *Projektleitervereinbarung*

In der Projektleitervereinbarung zwischen der Geschäftsleitung und dem Projektleiter geht es um die projektbezogenen gegenseitigen Vereinbarungen, die Klärung der wechselseitigen Erwartungen und die Kompetenz des Projektleiters. Konkret: der Projektplan und die zu seiner Umsetzung nötige fachliche und dispositive Weisungsbefugnis des Projektleiters sind festzulegen. Diese Vereinbarung bzgl. der Aufgabe, der Verantwortung und der Handlungs- und Entscheidungsbefugnisse des Projektleiters muss von der Geschäftsführung freigegeben und damit „abgesegnet" werden. Und sie darf, soll sie tragfähig sein, keine unspezifischen Floskeln enthalten, sondern nur klare, für das konkrete Projekt gültige und für alle Beteiligten nachprüfbare und verbindliche Vereinbarungen.

Wird nun in einer Firma ganz professionell ein Projekt mit einer Projektleitervereinbarung begonnen, dann sind beide Seiten, z. B. die deutsche Geschäftsführung und der tschechische Projektleiter, erfahrungsgemäß gut damit beraten, folgende Hinweise zu beherzigen:

(a)

Da Tschechen gerne improvisieren (vgl. 2.2.), sollte die deutsche Seite sich darin bremsen, jedes Detail festzulegen. Optimal ist es vielmehr, mit dem Projektleiter seine Verantwortlichkeit in Form eines klaren Freiraums *und* klarer Grenzen (Mindestanforderungen, Meilensteine, Eckdaten usw.) zu definieren. Das motiviert ihn.

Der tschechischen Seite ist zu sagen: Deutsche halten sich *exakt* an Kompetenzen und Festlegungen. Es kommt also darauf an, die eigene Verantwortlichkeit klar einzufordern. Damit ist sich um eine *realistische* Einschätzung der Möglichkeiten zu bemühen. Es genügt nicht, nur zunächst einmal einen Punkt zu vereinbaren, um später weiter zu sehen oder mit einer „logischen" Weiterentwicklung zu rechnen (kein Kontext!), sondern es ist jetzt alles zu bedenken, anzusprechen und festzulegen. Dabei darf kein Unterschied gelassen werden zwischen dem, was schriftlich vereinbart wird (eher kurz und knapp), und dem, was mündlich gesagt wird (eher mehr und länger).

Beide Seiten haben also einige Schritte in Richtung des anderen zu tun.

(b)

Da die Definition von Konflikten und der Umgang mit Konflikten ebenfalls verschieden sind (vgl. 2.7.), ist darauf bereits bei der Projektleitervereinbarung zu achten:

Tschechen kann die nötige Diskussion zur Festlegung der Projektleitervereinbarung unangenehm sein. Es ist aber besser, lieber jetzt, anfangs, einen kleinen Konflikt einzugehen, als später einen großen zu riskieren. Den Konflikt zu verschieben ist nicht nur ein gefährlicher Fehler, sondern das schmälert sogar das Ansehen. Deutsche erwarten einen Meinungsaustausch zu Beginn, für sie wirkt ein solcher Projektleiter professionell. Zudem ist verhandeln möglich, nicht nur ein Ja oder Nein, ein Alles oder Nichts.

Während die deutsche Definition von „Konflikt" in „unvereinbaren Interessen" besteht, ist für Tschechen jede „Missstimmung" ein „Konflikt". So müssen also Deutsche lernen, behutsamer mit jeder Meinungsverschiedenheit umzugehen und von sich aus den tschechischen Projektleiter um seine Meinung zu sämtlichen Punkten zu *fragen*. Machen sie das nicht und erlebt der tschechische Projektleiter in dieser Situation vorgefertigte Ideen und Druck, dann wird die deutsche Seite ein Ja, das Nein heißt, erhalten. – Und in tschechischen Augen sind ab dann am kommenden Desaster die Deutschen schuld, weil sie dem Tschechen nicht zuhörten und seine Überlegungen nicht wissen wollten.

(c)

Die nächste Kluft, die es zu überbrücken gilt, besteht in der verschiedenen Gewichtung des „Kontexts" bei der Kommunikation (vgl. 2.6.). Tschechen formulieren und formalisieren vieles nicht, sondern nehmen es für selbstverständlich und lassen es implizit. Sie sind ja im engen, informellen Kontakt mit den Kollegen und insofern teilen alle denselben Kontext und wissen um diese Selbstverständlichkeiten. Erfahrene Tschechen wissen nun, dass genau das mit Deutschen nicht der Fall ist, denn für sie gilt eine *explizite* Vereinbarung, möglichst schriftlich formuliert, aber keine implizite Selbstverständlichkeit. Zudem haben Deutsche ein rechtliches Verständnis von Vereinbarungen, nicht ein „menschliches". Also lernten diese Tschechen ihrerseits, viel zu fragen und auch lieber zu viel als zu wenig zu formulieren – denn die gedanklichen Voraussetzungen können unterschiedliche sein. Und sie lernten, dass sie gut daran tun, für die Projektleitervereinbarung *alles* aufzuschreiben. Sie haben dabei erfahren, dass man mit Deutschen auch schriftliche Vereinbarungen zuerst verhandeln und dann treffen kann und dass diese Vorgehen etwas bringt, weil die Vereinbarungen dann wirklich für beide Seiten verbindlich sind.

Deutsche unterstützen diesen Prozess ihrerseits dadurch, dass sie ihren eigenen Kontext erklären, also die Hintergründe, weswegen sie was vorschlagen oder wollen, und dadurch, dass sie den Kontext der Tschechen einholen, indem sie sich bemühen, auf der offiziellen Ebene für implizite Signale sensibel zu sein, aber auch sicherheitshalber die Tschechen informell um ihre Meinung zu fragen.

(d)

Relevant wird zudem das unterschiedliche Verständnis von einer Führungskraft. Tschechen sind mehr an monohierarchische Strukturen mit einer etwas ausgeprägteren Tendenz zu autokratischen Entscheidungen gewohnt. Das heißt zum einen: Die Mitarbeiter sind weniger selbstständig, was zwischen den Ebenen eine intensivere Interaktion und Kommunikation nötig macht. Deutsche haben sich somit als Chefs und als Projektleiter mehr um die Mitarbeiter zu kümmern (vgl. 2.4.: externale Kontrolle). Und das bedeutet zum anderen: Parallele Hierarchien, wie sie Projektstrukturen nun mal sind, sind bewusster einzufädeln, denn die Rollen (Zuständigkeit der Projektleiters? Zuständigkeit des Geschäftsführers in Tschechien? Zuständigkeit des deutschen Managements in Deutschland? usw. ) müssen erst gefunden, dann klar festgelegt und immer wieder bestätigt werden. Derartige Matrixstrukturen stiften schon in Deutschland oft Verwirrung, in Tschechien sind sie noch ungewohnter. Da kann ein Projektleiter schon mal eine „Inthronisation" nötig haben, um im Reigen der Führungskräfte seinen Platz finden und damit seine Aufgabe erfüllen zu können.

### *Risikomanagement*

Damit ein Projekt erfolgreich laufen kann, ist es sinnvoll, Risiken, d. h. potentielle Ereignisse mit negativen Folgen, wahrzunehmen, einzuschätzen und ihnen gegenzusteuern. Je nach Projekt kann es dabei um die Vermeidung ganz erheblichen Schadens gehen.

Wenn man die Kulturstandards noch in Erinnerung hat, dann ahnt man, dass es hier große Einstellungsunterschiede zwischen Deutschen und Tschechen gibt.

Die Grundeinstellung der Deutschen ist es, dass Probleme weitestgehend eliminiert werden sollen (vgl. 2.2.: Aufwertung von Strukturen). Lösungen werden deshalb schon mal pro-aktiv angedacht. Manchmal wird dem Kunden sogar das Risiko offengelegt. Dabei basiert die Risikokalkulation auf Erfahrungswerten und es können sehr viele Risiken bedacht werden, auch unwahrscheinliche. – Von solchen Diskussionen fühlen sich Tschechen nur in der Arbeit aufgehalten. – Auch wenn Deutsche viele Risiken vorher diskutieren, herrscht große Panik, wenn plötzlich ein unvorhergesehenes Problem auftritt. Ein „Risiko" liegt übrigens für Deutsche auf der Sachebene: Planungsfehler und sachliche Probleme stellen für sie die wichtigsten Risiken dar (vgl. 2.1.). So suchen sie auch nach Maßnahmen zum Risikomanagement und nach Lösungen für akute Probleme in den Projektstrukturen und verbessern beispielsweise Verträge, ziehen Lieferanten zur Verantwortung oder kaufen besseres Material.

Tschechen rechnen immer mit Problemen. Lösungen dafür fallen ihnen zum gegebenen Zeitpunkt reaktiv und intuitiv ein. Und deshalb finden sie das prophylaktische Spiel der Deutschen mit Zahlen, Statistiken etc. eher albern. Aufgrund ihrer „schwankenden Selbstsicherheit" (vgl. 2.8.) laufen sie allerdings Gefahr, dass sie Risiken falsch einschätzen: Sie unterschätzen ein Risiko und verlassen sich darauf, spontan reagieren zu können, *wenn* etwas passiert. Die größten Risiken ignorieren sie unter Umständen, weil sie doch in ihren Augen sehr unwahrscheinlich sind. Oder sie überschätzen ein Risiko, was dann lähmend und entmutigend wirkt und u. U. dazu führt, überhaupt auf die Zielerreichung zu verzichten (vgl. 2.5.: Diffusion). DAS „Risiko" sind für sie immer Menschen und menschliches Versagen – beispielsweise interpretieren sie die Lieferung schlechten Materials als Absicht. Deshalb suchen Tschechen auch nach Lösungen für Probleme und Risiken im Bereich des Zwischenmenschlichen und Risikomanagement bedeutet oft: ein Beziehungsnetz von Freunden haben, die helfen werden. (vgl. 2.1.: Personbezug).

Da nun weder Tschechen noch Deutsche risikofreudig sind, haben Erfahrene beider Seiten gelernt, dass prophylaktisches Risikomanagement durchaus Sinn macht. Erläutern die Deutschen den Kontext ihrer Überlegungen und Maßnahmen ausführlich, dann finden Tschechen diese Diskussionen nicht nur blöd und übertrieben, sondern machen mit. Wenn Deutsche ihren Suchhorizont prinzipiell auch auf die beteiligten Menschen ausdehnen, sie im Auge behalten und auch hier entsprechende Beziehungsinvestitionen tätigen, dann fühlen sich Tschechen wohl, geben ihrerseits rechtzeitig Infos und tragen erheblich zum Risikomanagement bei.

### *Qualitätsmanagement*

Qualität, verstanden als die Gesamtheit von Eigenschaften und Merkmalen eines Produktes oder einer Dienstleistung, die sich auf deren Eignung oder Erfüllung festgelegter (Spezifikation) oder vorausgesetzter (implizierte Vorstellungen des Kunden) Erfordernisse bezieht, will in einem Projekt in Maßnahmen umgesetzt, kontrolliert und nachgesteuert sein.

Für Deutsche bedeutet das: Normen stellen Qualität sicher. Termineinhaltung ist Bestandteil von „Qualität". Der Arbeits*prozess,* nicht nur das Ergebnis wird kontrolliert durch permanente Ist-Soll-Vergleiche. – Und ihr Argumentationsstrang bewegt sich stets auf der Sachebene.

Für Tschechen sind immer die Menschen, ihre Motivation und ihre Einstellungen ausschlaggebend, ob und inwieweit Qualität erreicht werden kann. Zudem zählt für sie ausschließlich das Ergebnis, nicht der Prozess des Arbeitens. Und halten sie gar etwas für realitätsfern, dann arbeiten sie schon mal, was Normen betrifft, mit doppeltem Boden: das eine ist das, was in der ISO-Dokumentation steht, die Realität ist aber nur in der Produktion sichtbar.

Wiederum haben bei einer gelungenen Kooperation beide Seiten Brücken geschlagen: Die Deutschen haben den Kontext ihres Qualitätsmanagements ausführlich erläutert. Und sie haben die Konsequenzen minderer Qualität aufgezeigt (z. B. in Form von Reklamationsschreiben). Jetzt haben Tschechen eine Chance, die Maßnahmen nicht nur für übertrieben, unnötig gängelnd und autoritär zu halten. Die Tschechen fragen nun auch ihrerseits die Deutschen nach dem Sinn ihres Handelns, wenn er ihnen zweifelhaft erscheint, und liefern nun, weil sie wissen, wozu, auch exakte Zahlen und Daten, nicht ungefähre, so dass die Maßnahmen auf einer soliden Basis stehen und nicht Makulatur sind. Und beide Seiten lernten, dass nicht alle Kunden die gleichen Anforderungen haben, weswegen es durchaus verschiedene Wege geben kann.

### *Informationsmanagement*

Das Informationsmanagement stellt sicher, dass alle Projektbeteiligten die Informationen, die sie brauchen, erhalten bzw. zur Verfügung haben. Es umfasst die Erstellung und Verwaltung der Dokumente und die Festlegung von Informationswegen und -verfahren.

In der Kooperation mit Tschechen bedeutet das für Deutsche, dass sie ihr übliches Repertoire um zwei Dinge ergänzt haben: Sie haben gelernt, die informellen Strukturen ebenfalls zu bedienen und die Infos, die hier gegeben werden, bewusst wahrzunehmen, zu sammeln und sich zu merken. Und sie wissen: gegenüber Tschechen besteht oft Holschuld (vgl. 2.4.). Wenn sie etwas wissen möchten oder müssen, dann fragen sie die tschechischen Kollegen von sich aus, also aktiv, danach.

Tschechen wurde es zunehmend selbstverständlich in der Zusammenarbeit mit Deutschen auch die formellen Strukturen ausführlich zu bedienen. Und sie erfuhren, dass Bringschuld nicht nur eine lästige Pflicht ist, sondern die Arbeit erleichtern kann: Probleme können dem Chef ruhig gemeldet werden. Das wird von ihm als Verantwortungsbewusstsein erlebt. Angst ist also unnötig.

### *Zeitplanung*

Zeitplanung spielt in Projekten eine große Rolle. Dafür gibt es mehrere Techniken und Darstellungsweisen (Phasenplan, Projektstrukturplan, Netzplan, Balkendiagramm usw.) und vielfach wird Zeitplanung als erstes mit Projektmanagement assoziiert.

Für Deutsche ist dieses Thema ein Eldorado und der Stellenwert der Zeitplanung im Projektmanagement bestätigt sie in ihrer Ansicht, dass „Konsekutivität“ (vgl. 2.3.) weitgehend gleichbedeutend ist mit Professionalität. Arbeiten sie effektiv mit Tschechen zusammen, haben sie aber zusätzlich folgendes verinnerlicht:

- Ob ihre tschechischen Kollegen im Zeitplan sind oder ob es Schwierigkeiten gibt, erfahren sie aus dem Kontext. Die Deutschen halten deshalb engen Kontakt und erhalten somit *rechtzeitig* Wind von (noch) kleinen Störungen und Problemen. Das verhindert Schlimmeres und erlaubt ein frühzeitiges Gegensteuern. Den offiziellen Ist-Soll-Vergleich können die Deutschen damit für die Tschechen abmildern (sie wissen ja bereits alles Wichtige): die Deutschen reagieren nicht heftig und die Tschechen erleben dann diese Kontrollen nicht als Drangsaliererei und ziehen sich nicht beleidigt zurück.

- Keineswegs sind Deutsche in ihren Zeitplanungen so gut und effizient, wie sie sich das idealerweise wünschen. Vieles läuft falsch oder schlecht und somit sind immer wieder Nachbesserungen erforderlich. Da sie nun öfters erlebt haben, dass Tschechen mit ihrer Improvisation vieles wett machen, rechnen sie im Falle des Falles schon (fast) damit, dass die Tschechen das Versäumnis doch noch ausbügeln und die Sache doch noch hinkriegen. Doch halt: informelle Wege funktionieren nicht immer! Die Kompensation von Problemen durch die Tschechen hat ihre Grenzen. Sie hängt einerseits vom Glück der Tschechen ab (Ideen, Kontakte, Möglichkeiten) und andererseits motivational davon, ob der Deutsche eine *wirkliche* Beziehungsebene aufgebaut hat, sonst tut man ihm diesen Gefallen nicht.

Tschechen sehen den Zeitplan nicht so eng. Sie arbeiten vorzugsweise nicht gleichmäßig, im steten Fluss, sondern schubweise, unproportional, mal schnell, mal langsam. Dadurch sind Ist-Soll-Vergleiche faktisch weniger aussagekräftig. Es kann also Verspätungen geben, aber auch Beschleunigungen (z. B. durch informelle Vorvereinbarungen formeller Beschlüsse), man kann ab und zu auch einen Schritt überspringen (z. B. hat man der Dame auf der Baubehörde gleich beim ersten Besuch eine Schachtel Pralinen gebracht, dann geht ab jetzt alles schneller), und man kann bei einem zeitlichen Verzug wieder etwas aufholen durch „Turboarbeit" oder die Hilfe von Freunden. Bezogen auf den Netzplan bedeutet das, dass für den tschechischen Arbeitsstil eine gewisse Überlappung der verschiedenen Etappen (Arbeitspakete) charakteristisch ist. Und genau das besprechen erfahrene Tschechen nun mit ihren deutschen Kollegen, um sie zu beruhigen. Sie erzählen ihnen einfach, was sich so tut. Damit können die Deutschen die Simultanität der Tschechen sehen und erleben und ihren arbeitsmäßigen (nicht immer plangemäßen!) Fortschritt miterleben. – Übrigens: Tschechen schätzen Termintreue sehr, sie glauben nur weniger dran.

### *Projektcontrolling und -steuerung*

Im Projektcontrolling geht es um den Soll-Ist-Vergleich von Inhalt, Ergebnissen und Qualität, um die Termin- und Fortschrittskontrolle sowie um die Kostenkontrolle.

Welche Erfordernisse hinsichtlich der Terminkontrolle nötig sind, wurde bereits im vorangegangenen Abschnitt unter „Zeitplanung" dargelegt. Ergänzt sei lediglich, dass in einem kollegialen, angstfreien Klima Tschechen durchaus einen Terminverzug melden, wenn sie darum wissen, wie wichtig Deutschen Termintreue ist.

Hier sei nun noch auf den Umgang mit Problemen und Barrieren eingegangen. Deutsche lieben häufigere Meetings (Projektstatussitzungen) (vgl. 2.2.: Aufwertung von Strukturen): Hier besprechen sie auftauchende Schwierigkeiten, überarbeiten die Arbeitspakete entsprechend, legen neue, geänderte Termine fest oder verfeinern ihre Struktur im Hinblick auf Termine, Rollen, Aufgaben. Als interkulturell kompetente Kollegen berücksichtigen sie bezogen auf ihre tschechischen Kollegen ihre Holschuld und fragen ihrerseits rechtzeitig und detailliert, aber vorsichtig, angemessen und rücksichtsvoll nach.

Tschechen reagieren bei Problemen zunächst einmal so: Sie sagen von sich aus tendenziell nichts, sondern verlassen sich auf die Holschuld des Chefs. Auf der Handlungsebene fangen sie aber intensiv an zu improvisieren (vgl. 2.2.). Sie verlassen den (Netz)Plan und konzentrieren sich auf das zu erreichende Ziel. Egal wie, sie wollen jetzt die Situation retten und mobilisieren dazu alle(s). Oder – die andere Möglichkeit – sie wählen (subjektiv empfunden) wirklich wichtige Punkte aus und retten diese. Dabei gelten die ursprünglichen Kompetenzen nicht mehr, jeder macht alles. All diese Tendenzen führen zu großen Konflikten mit den Deutschen, wenn der Kontakt zwischen beiden Seiten gering ist. Wenn jedoch – und das ist die interkulturell optimale Variante – beide Seiten von dieser Tendenz wissen, wenn die den jeweiligen Partnern wichtigen Punkte ausgetauscht werden, wenn den Tschechen Handlungsspielraum zugestanden wird (Vertrauen!), dann können es oftmals genau die Tschechen sein, die eine brenzlige Situation wirklich retten. Wegen der spürbaren Wertschätzung bleiben sie dazu auch problemlos „ehrlich", haben sich Ausreden verkniffen und den deutschen Kollegen reinen Wein eingeschenkt. Zu guter Letzt ist es dann ein selbstverständliches Gebot der Fairness, die Extraleistung der Tschechen auch als solche anzuerkennen.

## 3.2. Personalführung

Unter Personalführung werden alle Maßnahmen verstanden, die dazu dienen, Mitarbeiter eines Unternehmens zur produktiven und motivierten Zusammenarbeit anzuhalten und zu befähigen. D.h. die Mitarbeiter sollen dazu ermutigt werden, und – falls ihre Qualifikation dafür nicht ausreichend ist – durch entsprechende Maßnahmen gefördert werden. Um das komplexe Ziel einer produktiven und motivierten Zusammenarbeit zu erreichen, damit die Aufgaben innerhalb eines Unternehmens zufriedenstellend ausgeführt werden können, müssen eine ganze Fülle an Einzelaktivitäten aufeinander abgestimmt werden – und davon wird nun die Rede sein.

Das alles geschieht in jedem Unternehmen im Bereich Personalführung, unabhängig davon, in welcher Kultur es seinen Standort hat und welcher Kultur das Personal angehört. *Wie* diese Herausforderung in Unternehmen bewältigt wird, ist jedoch kulturabhängig. Was das nun konkret für die deutsch-tschechische Kooperation innerhalb eines gemeinsamen Unternehmens bedeutet, wird in diesem Kapitel ausgeführt basierend auf den Ergebnissen einer zu dieser Fragestellung durchgeführten Studie[7]. Dabei werden diverse Aufgaben der Personalführung aufgelistet sowie die darauf bezogene tschechische und deutsche Sicht jeweils dargestellt.

| (1) Entscheidungen treffen | (7) Beziehungsmanagement | (13) Veränderungsmanagement |
|---|---|---|
| (2) kommunikative Kompetenz | (8) Konfliktmanagement | (14) Qualitätsmanagement |
| (3) Informationsmanagement | (9) kreatives Problemlösen | (15) Personalentwicklung |
| (4) motivieren | (10) Umgang mit Unsicherheit | (16) Firmenloyalität |
| (5) Anweisungen geben | (11) eigene Ideen und Leistungen präsentieren | (17) Zeitmanagement |
| (6) Kritik vermitteln | (12) Kundenorientierung | |

**Tabelle 1: Relevante Aufgaben der Personalführung in der deutsch-tschechischen Kooperation**

[7] Thomas, A., Novy, I., Sindelova, H., Lukes, M. & Bürger, J. (2005). *Analyse und Lösungsansätze kulturell bedingter Probleme der Personalführung in deutsch-tschechischen Gemeinschaftsunternehmen.* Universität Regensburg: Unveröffentlichter Forschungsbericht.

### *3.2.1. Problemstellungen*

#### *3.2.1.1. Äquivalente Problemstellungen*

Werden Deutsche und Tschechen befragt, berichten sie hinsichtlich der folgenden Bereiche zum Großteil äquivalente, also einander spiegelbildlich entsprechende Problemstellungen:

***Zeitmanagement***

Zeitmanagement ist für beide Seiten oft ein Stein des Anstoßes. Deutsche klagen, dass auf tschechischer Seite häufig eine zu geringe Langzeitplanung vorherrsche und dass in Folge dessen Terminverschiebungen auftauchen würden. Tschechen klagen, dass auf deutscher Seite häufig eine unnötig genaue Langzeitplanung betrieben werde.

***Kommunikation / Information***

Im Bereich der Kommunikation und Information i. e. S.. erwähnen beide Seiten die Problematik der Fremdsprache, die die Verständigung erheblich erschwert, immer wieder Missverständnisse verursacht und manchmal ohne Sprachvermittler überhaupt nicht möglich ist.

***Anweisungen geben***

Die deutsche Seite bemängelt, dass ihre Anweisungen auf tschechischer Seite nicht in dem Sinn ausgeführt würden, wie es gewünscht war, d. h. dann meist nicht so detailliert und / oder nicht entsprechend den Vorgaben. Zudem gestehen Deutsche selbstkritisch ein, dass sie und ihre Kollegen Anweisungen evtl. zu oft als „Befehle" geben, d. h. in dem entsprechenden Ton und mit dazu gehörigen Attitüde.

Dem entsprechend bedauern Tschechen, dass die Anweisungen der deutschen Seite häufig keinerlei Freiraum ließen und zu detailliert seien. Zudem würden Anweisungen der Deutschen – egal in welchem Ton – von Tschechen immer als „Befehle" aufgefasst, was oft zu Reaktanz führt und zwar mit umso größerer Wahrscheinlichkeit, je befehlerischer die Anweisung seitens der Deutschen tatsächlich war.

***Motivation /Firmenloyalität***

Beide Seiten berichten unisono, dass die Motivation und die Loyalität v. a. der gewerblichen Mitarbeiter schwierig sei. Und keine Seite verfügt hier über ein Erfolgsrezept.

***Kreatives Problemlösen / Umgang mit Unsicherheit***

Typisch tschechisches Verhalten bestehe nach Aussage der Deutschen darin, Abläufe ohne Absprache zu ändern. Offiziell gebe es dagegen selten Verbesserungsvorschläge.

Dagegen konstatieren Tschechen, dass die deutsche Seite an ihren Abläufen festhielte, auch wenn sie in Tschechien nicht passend seien oder wenn es bessere Möglichkeiten gebe. Und sie fühlten sich behindert davon, dass alles immer offiziell und 100% geklärt sein müsse, bevor man etwas tun könne.

### *3.2.1.2. Unterschiedliche Problemstellungen*

Dagegen nennen Deutsche und Tschechen hinsichtlich der unten stehenden Bereiche teilweise unterschiedliche Problemstellungen. Vor ihrer Lektüre seien freilich zwei Hinweise gegeben: (1) Da die Untersuchung mit halboffenen Interviews geführt wurde, bestand kein Zwang, dass sich beide Seiten zu allen Themenbereichen äußern. Somit konnte jede Seite die Themenbereiche ansprechen und ausführen, die für sie bedeutsam sind. (2) Das Gesagte kann die Wahrnehmung der beiden Seiten im selben Unternehmen darstellen, es können die Nennungen aber auch aus ganz verschiedenen Firmen kommen. – Diese beiden Hintergründe erklären, weswegen die Darstellung der jeweiligen Themenbereiche nicht „ausgewogen" zu sein braucht.

#### ***Personalentwicklung***

Deutsche teilen weitgehend die Meinung, dass der Ausbildungsstand in Tschechien gehoben werden müsse. Dennoch träfen sie in ländlichen Gebieten auf zu wenig Interesse und Eigeninitiative seitens der tschechischen Mitarbeiter bzgl. Weiterbildung und auf zu geringe Nachfrage hinsichtlich konkreter Weiterbildungsangebote.

Viele tschechische Führungskräfte dagegen meinen: Entwicklungsmöglichkeiten entpuppten sich in vielen Unternehmen oft als leere Versprechungen der deutschen Seite. Es werde vielmehr an tschechischen Mitarbeitern gespart.

#### ***Beziehungsmanagement***

Die befragten Deutschen halten den Beziehungsaufbau zwischen den kooperierenden Personen für extrem wichtig. Sie beobachten in Tschechien viel „Privates" am Arbeitsplatz. Gleichzeitig halten sie den Beziehungsaufbau aber oft für sehr schwierig, da nach wie vor die Einstellungen beider Seiten von vielen Vorurteilen geprägt seien.

„Beziehungsmanagement" taucht auf tschechischer Seite nicht als Problem, sondern als häufigste *Lösungsmöglichkeit* bei Problemen auf: man müsse einander besser kennen lernen und mehr Gelegenheit zu persönlichen Begegnungen haben, dann ließe sich vieles unkompliziert bewältigen.

#### ***Qualitätsmanagement***

Deutsche halten das Qualitätsmanagement der tschechischen Seite für zu wenig ausgeprägt. Qualitätsmängel würden nicht bemerkt bzw. nicht ernst genug genommen.

Tschechen nennen Qualitätsmanagement nicht als Problemfeld.

### *Kundenorientierung*

Auch die Kundenorientierung sei nach Angaben der Deutschen zu wenig ausgeprägt. Immer wieder zusammengefasst wird die wahrgenommene tschechische Einstellung in dem Satz: „Der Kunde soll froh sein, wenn er überhaupt etwas bekommt“. Es herrsche zu wenig Bereitschaft, den Kunden bei Wünschen entgegen zu kommen.

Die tschechische Seite benennt Kundenorientierung wiederum nicht als ein mögliches Problemfeld.

### *Leistungen präsentieren*

Gerade der Bereich „Leistungen präsentieren“ wird von tschechischen Befragten sehr häufig als problematisch genannt. Es entsteht oft der Eindruck, dass die Form einer deutschen Präsentation viel wichtiger sei als der Inhalt. Deutsche würden somit auch häufig unwichtige Dinge als großartige Leistung präsentieren. Sie gäben sogar die Leistung anderer als ihre eigene aus. Das alles fällt Tschechen umso deutlicher auf, als dass sie selbst große Erfolge kaum präsentieren. Präsentationen oder auch Selbstdarstellungen von deutscher Seite wirken daher auf die tschechische Seite sehr schnell überheblich (und bedienen damit genau das Deutschen-Stereotyp). Andererseits fühlen sich tschechische Befragte von ihren deutschen Kollegen häufig nicht ernst oder kompetent genug genommen, gerade weil sie sich bei der Selbstdarstellung eher zurückhalten (und dies entweder auch nicht tun wollen oder nicht gelernt haben).

Diese Dynamiken entgehen Deutschen. Sie erwähnen diesen Bereich der Personalführung nicht.

### *Kritik vermitteln*

Kritik, so berichten Deutsche, werde von tschechischen Kollegen sehr schnell als Beleidigung aufgefasst. Schlimmer noch: auch offensichtliche Fehler würden nicht zugegeben.

Tschechen erwähnen diesen Problembereich nicht.

### *Konflikte*

Deutsche sagen: Konflikte würden auf tschechischer Seite selten angesprochen, gehörten nicht zum Alltag und könnten schwer geklärt werden.

Tschechen erleben das so: Deutsche provozierten häufig unnötige Konflikte, z. B. über Deadlines, Sauberkeit oder durch zu starke Beschwerden.

### *3.2.2. Gleichlautende Vorwürfe*

Auch das gibt es: Deutsche und Tschechen machen der jeweils anderen Seite denselben Vorwurf.

### *Kommunikation / Information*

Beiderseits ertönt der pauschale Vorwurf an die jeweils anderen: „Die relevanten Informationen werden nicht gegeben und kommen somit nicht an."

Konkret wünschen sich Deutsche mehr Informationen darüber, was auf tschechischer Seite gerade läuft. Insbesondere vermissen sie die rechtzeitige Information bei aufgetretenen Problemen. Außerdem sind ihnen die Informationen, die sie bekommen, oft nicht detailliert genug.

Tschechen vermissen von deutscher Seite die in ihren Augen relevanten Informationen, d. h. mehr Hintergrundwissen über die nächsten Schritte des Unternehmens, über die größeren Zusammenhänge, die Deutschen oft selbstverständlich erschienen und deshalb nicht kommuniziert würden. Andererseits ertrinken tschechische Partner in Informationen in Form von detaillierten Schriftstücken oder auch mündlichen Vorträgen aus Deutschland, die dann häufig gar nicht gelesen werden, da dies aufgrund der knappen Zeit und der Schwierigkeit, in einer Fremdsprache schnell die wesentlichen Punkte aus einem langen Text herauszusuchen, ein müßiges Unterfangen darstellt. Einen Text per E-Mail zu schicken, bedeutet noch lange nicht, dass sich der tschechische Partner auch informiert fühlt!

### *Veränderungsmanagement*

Die allseits geäußerte Klage lautet: „Die andere Seite ist nicht bereit, auf Veränderungen einzugehen."

Veränderungen, die Deutsche nennen, beziehen sich meist auf kurzfristige Produktionsumstellungen, v. a. aufgrund von Kundenwünschen, oder generell auf die Einführung neuer Managementinstrumente (die auf tschechischer Seite vermutlich für nicht notwendig oder zielführend erachtet werden).

Tschechen beziehen sich in diesem Bereich auf die Problematik, ein in Deutschland etabliertes und nach Tschechien transferiertes Verfahren oder Instrument abändern zu wollen, wozu Deutsche ihrer Erfahrung nach selten bereit seien.

### *Entscheidungen treffen*

Im Bereich „Entscheidungen" haben beide Seiten das Gefühl, dass die andere Seite die Verantwortung nicht in dem Maße übernimmt, wie sie sollte: „Die andere Seite trifft keine Entscheidungen, schiebt diese auf, übernimmt keine Verantwortung."

Tschechen erwarten von den Deutschen viel öfter eine klare Entscheidung, denn (1) haben Führungskräfte in Tschechien eine viel höhere Entscheidungsbefugnis, aber auch Verantwortung, und (2) sind nun mal Deutsche entweder faktisch in den höheren Positionen oder sie werden von den Tschechen, teils auch von den Deutschen wegen ihres engen Verhältnisses zur deutschen Mutter als statushöher wahrgenommen.

Deutsche erwarten dagegen eine Entscheidung des Mitarbeiters oder mehrere, argumentativ unterlegte Vorschläge, d. h. mit Vor- und Nachteilen, die abgesprochen werden. Aus tschechischer Sicht wirkt das deutsche Vorgehen oft so, als wäre niemand eindeutig für irgendetwas verantwortlich, und Entscheidungskompetenzen bleiben im Unklaren.

### 3.2.3. Best Practices

Eine intensive deutsch-tschechische Wirtschaftskooperation besteht nunmehr schon seit vielen Jahren. Insofern können bereits in vielen Unternehmen rückblickend diverse Best Practices beschrieben werden.

#### *3.2.3.1. Strukturelle Ebene*

Betrachtet man die generelle Organisation der Zusammenarbeit seitens einer Firma, so bewährten sich folgende Ansätze:

- Es ist vor allem zu Beginn der Zusammenarbeit gut, Expatriates aus Deutschland nach Tschechien zu schicken. Damit ist ein besseres Kennenlernen der jeweils anderen Seite möglich. Der Informationsaustausch ist durch die somit mögliche persönliche Begegnung erheblich leichter. Und unterschiedliche Erwartungen und Abläufe werden von beiden Seiten leichter und klarer wahrgenommen. Der Expatriate braucht dazu Sensibilität für interkulturelle Prozesse. Er muss sich in Tschechien integrieren und es schaffen, dass die Aufteilung: hier Deutsche – dort Tschechen weitestgehend überwunden wird.

- Auf Dauer sollten jedoch nicht zu viele Deutsche in Führungspositionen in Tschechien belassen werden, sondern es sind zunehmend mehr tschechischen Führungskräften zunehmend mehr Entscheidungsbefugnisse zu übertragen.

- Klare Macht- und Rollenverhältnisse sind zu definieren und festzulegen.

- *Gemeinsame* Weiterbildungsveranstaltungen (deutsche Mutter und tschechische Tochter) zu diversen Themen sind in vielerlei Hinsicht der Kooperation förderlich. So können sie eine gemeinsame Unternehmenskultur schaffen und stärken (z. B. Führungskräfteseminare), gegenseitiges Verständnis wecken und vertiefen (z. B. interkulturelle Trainings) sowie persönliches Kennenlernen forcieren und hilfreiche Netzwerke stiften.

#### *3.2.3.2. Individuelle Verhaltensebene*

Was ist nun auf der Ebene konkreter Personen in ihrem konkreten Verhalten und Agieren besonders konstruktiv?

- Überzeugungsarbeit. Also: reden, argumentieren, diskutieren, erklären, darlegen...

- Beziehungsaufbau. Je besser man sich kennt, desto leichter wird die Zusammenarbeit.

- Herstellen von Transparenz. Offenheit schafft Vertrauen, Berechenbarkeit Sicherheit, beides Motivation.

- Ausführliche Kommunikation. Information nicht in Form von detailliert ausgearbeiteten Schriftstücken, sondern in Form von *mündlicher* Kommunikation. Immer wieder und ausführlich sind Gespräche über die Gestaltung der Zusammenarbeit zu führen. Und sobald es sie gibt, ist die Einbeziehung der tschechischen Entscheidungsträger in Sitzungen der Firmenleitung unabdingbar.

- Beziehungspflege. Häufige Treffen und Gespräche, die in einer angenehmen Atmosphäre stattfinden. Sie sind für den Vertrauensaufbau, aber auch für den alltäglichen Informationsaustausch und sämtliche Entscheidungen ausgesprochen wichtig
- Sich für Veränderungen Zeit nehmen und durch Überzeugen zu einer Entscheidung kommen.
- Betonung von Gemeinsamkeit und konsequente Gleichbehandlung beider Seiten, so dass für keine Seite Platz für nationale Überheblichkeiten existiert.

*3.2.3.3. Einzelne konkrete Tipps*

- Als deutscher Expatriate in Tschechien von „wir" statt von „ihr" sprechen, wenn die tschechische Firma gemeint ist.
- Nicht nur E-Mails schreiben, sondern auch telefonieren.
- Kleinere Fehler der tschechischen Seite nicht ständig zurückmelden, sondern diese selbst ausbessern und darüber hinwegsehen.
- Einen freundlichen Umgangston pflegen, Humor gebrauchen (der sich auf eine gemeinsame Basis bezieht).
- Die unterschiedlichen Rollen und Entscheidungsbefugnisse genau festlegen, da die gegenseitigen Erwartungen oft nicht klar sind. Es genügt nicht, die Verantwortlichkeiten nur aufzuschreiben oder einmal auszusprechen, sondern es ist viel Kommunikation auf beiden Seiten gefragt und diesem Prozess ist viel Zeit einzuräumen.

## 3.3. Vertrauen zwischen Deutschen und Tschechen

Das Wort Vertrauen hat Konjunktur. In der öffentlichen Diskussion genauso wie im Wirtschaftsleben[8]. Von Tschechen wie von Deutschen wird immer wieder betont, wie wichtig es ist, Vertrauen aufzubauen und aufgebautes Vertrauen durch weitere Aktivitäten zu erhalten oder eventuell sogar zu verstärken. Beide Partner würden sicherlich der Bemerkung zustimmen, dass ohne Vertrauen keine befriedigende und effiziente wirtschaftliche Zusammenarbeit möglich ist. Geht man davon aus, dass jeder Mensch über eine „implizite Vertrauenstheorie" verfügt[9], die Eigenschaften und Verhaltensweisen beinhaltet, die der Prototyp eines vertrauenswürdigen Menschen in einem bestimmten Lebensbereich haben sollte, dann liegt die Annahme nahe, dass der Prototyp eines vertrauenswürdigen Mitarbeiters, Kollegen, Chefs von den in seiner Kultur geltenden Werten und Normen abhängt und dass sich die Verhaltensweisen, die in unterschiedlichen Kulturen als vertrauenswürdig eingestuft werden, unterscheiden können. Das bedeutet für interkulturelle Interaktionen, dass der Vertrauensaufbau nicht alleine durch guten Willen zu erreichen ist, sondern wiederum spezifischer Kenntnisse bedarf, welche Verhaltensweisen für Tschechen im Unterschied zu Deutschen für die Vertrauensbildung von entscheidender Bedeutung sind.

Im Folgenden werden die Ergebnisse einer Studie dargestellt, die dieser Frage nachgegangen ist[10].

### Welche Bedeutung hat Vertrauen?

Für Tschechen wie für Deutsche stellt Vertrauen eine sehr wichtige Komponente bei der Zusammenarbeit in Unternehmen dar, und zwar unabhängig davon, ob ein positives oder ein negatives Vertrauensverhältnis zur jeweils anderen Seite besteht. Vertrauen in die andere Seite und Zufriedenheit mit der Zusammenarbeit korrelieren hochsignifikant. Wessen Erwartungen an eine vertrauenswürdige Person erfüllt werden, der ist auch hochzufrieden mit der Zusammenarbeit und umgekehrt. Dabei ergab diese Studie, dass Deutsche gegenüber Tschechen weniger Vertrauen angeben als gegenüber Deutschen, während Tschechen Deutschen und Tschechen gleich viel ver- bzw. misstrauen. Dies entspricht der Wahrnehmung vieler tschechischer Führungskräfte, dass ihnen im Allgemeinen weniger Vertrauen entgegengebracht wird.

---

8 Thomas, A. & Bürger, J. (2007). *Erfolgreiche Personalführung in der deutsch-tschechischen Wirtschaftskooperation.* München: forost. Forschungsverband Ost- und Südosteuropa.

9 Schweer, M.K.W. & Padberg, J. (2002). *Vertrauen im Schulalltag.* Neuwied, Kriftel: Luchterhand.

10 Thomas, A., Novy, I., Sindelova, H., Lukes, M. & Bürger, J. (2005). *Analyse und Lösungsansätze kulturell bedingter Probleme der Personalführung in deutsch-tschechischen Gemeinschaftsunternehmen.* Universität Regensburg: Unveröffentlichter Forschungsbericht.

### *Implizite Vertrauenstheorien*

Die impliziten Vertrauenstheorien für die Arbeitswelt, d. h. die Erwartungen, die Deutsche und Tschechen an eine Person haben, der sie vertrauen können, unterscheiden sich weniger in den Oberkategorien, wie z. B. Zuverlässigkeit, als vielmehr in den Feinheiten, z. B. was diese Zuverlässigkeit ausmacht. Diese Feinheiten beziehen sich, wie aufgrund der Kulturstandards auch zu vermuten ist, v. a. auf die Bedeutung der Verhaltensweisen auf der Beziehungsebene. Die einfache Zuordnung „Deutsche = Sachebene" und „Tschechen = Beziehungsebene" greift allerdings zu kurz.

Für Deutsche ist eine gewisse Sympathie gegenüber den Kollegen durchaus eine wichtige Voraussetzung für Vertrauen. Dies wird aber nicht weiter durch bestimmte Verhaltensweisen ausdifferenziert. Wichtig sind dann v. a. Verhaltensweisen auf der Sach- und auf der Aufgabenebene. So berührt die implizite Vertrauenstheorie deutscher Führungskräfte die Bereiche:

- Zuverlässigkeit, i. S. einer rechtzeitigen Erledigung von Aufgaben bzw. rechtzeitigen Meldung von Terminverschiebungen;
- Ehrlichkeit und direkte und offene Kommunikation, was auch das Ansprechen von unangenehmen Punkten gegenüber Vorgesetzten mit einbezieht;
- Bereitschaft, Verantwortung zu übernehmen und flexibel auf die Unternehmenserfordernisse zu reagieren;
- Loyalität v. a. gegenüber der Firma, aber auch gegenüber Kollegen;
- Hilfsbereitschaft, falls es bei der Aufgabenbearbeitung zu Problemen kommt.

Für Tschechen hat die Sach- und Aufgabenebene ebenfalls eine wichtige Bedeutung. So erwarten sie von einem vertrauenswürdigen Kollegen:

- fachliche Qualifikation für seine Stelle;
- persönlichen Einsatz und Motivation für die gemeinsame Arbeit;
- Zuverlässigkeit, aber diese ist weniger mit einer zeitlichen Komponente verknüpft;
- Bereitschaft, Probleme gemeinsam zu lösen;
- Loyalität gegenüber Firma und Kollegen;
- Hilfsbereitschaft der Kollegen und des Vorgesetzten nicht nur bei Arbeits- sondern auch bei privaten Problemen;
- freundlichen, freundschaftlichen Umgangston;
- Empathie, die sich vor allem im Verständnis gegenüber der persönlichen Situation eines Kollegen, wie z. B. im Falle einer Krankheit, zeigt und darin, niemals übertriebene Kritik zu äußern, sondern die Fehler des Kollegen z. B. für ihn auszubessern.

Tschechen machen zudem einen viel deutlicheren Unterschied, ob die vertrauenswürdige Person ein Kollege oder ein Vorgesetzter ist. Der Vorgesetzte muss, wenn er vertrauenswürdig sein soll, den Mitarbeitern fachlich weit überlegen sein, sich in schwierigen Situationen immer vor seine Mitarbeiter stellen und diese schützen. Dafür darf und soll er aber auch deutlich strenger und kritischer sein als normale Kollegen.

### *Vertrauensaufbau*

Was können nun beide Seiten aktiv zum Vertrauensaufbau beitragen?

Die deutsche Perspektive:

(1) Erfolgreiche deutsche Führungskräfte haben erkannt, dass sie für eine positive Vertrauensentwicklung gegenüber tschechischen Kollegen sehr viel in die persönlichen Beziehungen investieren müssen (vgl. 2.1.: Personbezug).

(2) Darüber hinaus sollten sie bzgl. der Unternehmensziele und ihrer Erwartungen sehr transparent sein, damit sich auf tschechischer Seite kein Misstrauen bildet. Sie sollten also ihren Kontext erklären und somit unzutreffende Vermutungen und Interpretationen der Tschechen verhindern (vgl. 2.6.: hoher Kontextbezug der Kommunikation).

(3) Umgekehrt wünschen sie sich von den tschechischen Kollegen eine offenere Kommunikation hinsichtlich ihrer Meinungen, Einschätzungen oder Anliegen (vgl. 2.6.: Direktheit) und das Einhalten von Absprachen, v. a. terminlicher und qualitativer Art, sowie das Melden von Störungen oder Verzögerungen (vgl. 2.4.: regelorientiertes Pflicht- und Verantwortungsbewusstsein).

Die tschechische Perspektive:

(1) Erfolgreiche tschechische Führungskräfte geben ihren Landsleuten den Rat, gegenüber Deutschen keine Versprechungen zu machen, die womöglich nicht eingehalten werden können, da diese sehr genau genommen werden (vgl. 2.6.: schwacher Kontextbezug der Kommunikation).

(2) Ebenso empfehlen sie, auch negative und problematische Punkte mit Deutschen zu diskutieren (vgl. 2.7.: Konfliktkonfrontation).

(3) Eine positive Beziehung zu den deutschen Kollegen, die auch über arbeitsbezogene Dinge hinausgeht, ist für die meisten tschechischen Führungskräfte die Grundlage, um eine Vertrauensbeziehung aufzubauen. Dazu sollten in ihren Augen Deutsche bereit sein (vgl. 2.1.: Personbezug). Und das braucht Zeit. Die Frage der Sympathie spielt nur zunächst eine wesentliche Rolle, doch dann muss man diverse authentische, positive Erfahrungen miteinander machen.

(4) Als Wunsch wird an die deutsche Adresse besonders häufig der Gesichtspunkt der Fairness und Gleichbehandlung beider Nationen betont. Oft fühlen sich Tschechen von der deutschen Seite nämlich völlig unterschätzt und nicht mit genug Respekt behandelt.

## Nachwort

Um deutschen und tschechischen Lesern gleichermaßen gerecht zu werden, haben wir das Buch zweimal geschrieben. Die hier vorliegende Fassung ist nicht nur in deutscher Sprache abgefasst, sondern hat auch vorwiegend ein deutsches Publikum vor Augen. Die tschechische Version in tschechischer Sprache wendet sich an eine tschechische Leserschaft:

Nový, I. & Schroll-Machl, S. (2007).
***Interkulturní komunikace: česko-německá.***
Praha: Management Press.
ISBN 978-80-7261-158-4

Gemischten Teams empfehlen wir beide Varianten, damit jeder sich in seiner Sprache und in seiner Weise mit den deutsch-tschechischen Kulturunterschieden auseinandersetzen kann.

Da wir selbst als deutsch-tschechisches Team arbeiten, wissen wir, wovon wir reden und wie sehr das Wissen, das wir hier darstellen, die Bewältigung auftauchender Probleme und die Festigung der Kooperation unterstützt.

Nun bleibt uns nur noch, Ihnen eine sachlich erfolgreiche und persönlich angenehme deutsch-tschechische Zusammenarbeit zu wünschen!

## Literaturhinweise

### *Für Deutsche:*

Schroll-Machl, S. & Nový, I. (2000). *Perfekt geplant oder genial improvisiert? Kulturunterschiede in der deutsch-tschechischen Zusammenarbeit.* Mering: Hampp.

Schroll-Machl, S. (2001). *Businesskontakte zwischen Deutschen und Tschechen. Kulturunterschiede in der Wirtschaftszusammenarbeit.* Sternenfels: Wissenschaft & Praxis

Schroll-Machl, S. & Nový, I. (2009²). *Beruflich in Tschechien. Trainingsprogramm für Manager, Fach- und Führungskräfte.* Göttingen: Vandenhoeck & Ruprecht.

Schroll-Machl, S. (2007³). *Die Deutschen – Wir Deutsche. Fremdwahrnehmung und Selbstsicht im Berufsleben.* Göttingen: Vandenhoeck & Ruprecht

Schroll-Machl, S. & Nový, I. & Fink, G. (2000). *Tschechische, österreichische und deutsche Kulturstandards in der Wirtschaftskooperation.* In: Journal for East European Management Studies (JEEMS), Vol. 5, Nr. 4, S. 361-376.

### *Für Tschechen:*

Nový, I. & Schroll-Machl, S. (2007). *Interkulturní komunikace: česko-německá.* Praha: Management Press.

Schroll-Machl, S. (2007³). *Die Deutschen – Wir Deutsche. Fremdwahrnehmung und Selbstsicht im Berufsleben.* Göttingen: Vandenhoeck & Ruprecht

Schroll-Machl, S. (2008³). *Doing Business with Germans. Their Perception, Our Perception.* Göttingen: Vandenhoeck & Ruprecht

Nový, I. & Schroll-Machl, S. (2005). *Spoluprace pres hranice kultur.* Praha: Management Press.

## *Generelle interkulturelle Literatur*

Hall, E. & Hall, M. (1989). *Understanding cultural differences*. Yarmouth, Maine: Intercultural Press.

House, R., Hanges, P., Javidan, M., Dorfman, P., Gupta, V. (2005). *Culture, Leadership, and Organizations. The GLOBE Study of 62 Societies*. Sage Publications.

Chhokar, J., Brodbeck, F. & House, R. (2007). *Culture and Leadership Across the World. The GLOBE Book of in-Depth Studies of 25 Societies*. Sage Publications.

Thomas, A., Kinast, E. & Schroll-Machl, S. (Hg.) (2005[3]). *Handbuch Interkulturelle Kommunikation und Kooperation, Band 1: Grundlagen und Praxisfelder*. Göttingen: Vandenhoeck & Ruprecht.

Thomas, A., Kinast, E. & Schroll-Machl, S. (Eds.) (2010). Handbook of Intercultural Communication and Cooperation Basics and Areas of Application. Göttingen: Vandenhoeck & Ruprecht.

Thomas, A., Kammhuber, S. & Schroll-Machl, S. (Hg.) (2007[2]). *Handbuch Interkulturelle Kommunikation und Kooperation, Band 2: Länder, Kulturen und interkulturelle Berufstätigkeit*. Göttingen: Vandenhoeck & Ruprecht.

Tromenpaars, F. (1993). *Handbuch globales managen*. Düsseldorf: Econ.

## Zu den Autoren

Sylvia Schroll-Machl, Dr. phil. Dipl.-Psych. Dipl-Rel.Päd.(FH), arbeitet seit 1992 als selbstständige Interkulturelle Trainerin und Interkultureller Coach für namhafte Firmen, internationale Konzerne, industrienahe Institutionen und deutsche Ministerien, engagiert sich in universitären Forschungs- und Publikationsprojekten zur interkulturellen Wirtschaftszusammenarbeit sowie als Dozentin für Interkulturelle Kommunikation an verschiedenen Hochschulen, ist Autorin zahlreicher Publikationen und schreibt als Kolumnistin für interkulturelle Business-Fragen bei der FAZ. Einer ihrer Schwerpunkte sind dabei die Länder Mittel- und Osteuropas.

Ivan Nový, Prof. Ing. CSc., ist Professor für Psychologie und Soziologie im Management (Fakultät für Betriebswirtschaft) an der Wirtschaftsuniversität Prag. Seine Schwerpunkte sind psychologische und soziologische Aspekte der Unternehmens- und Personalführung sowie Interkulturelles Management. Er ist Autor diverser Bücher in diesem Feld. Daneben arbeitet er freiberuflich als Berater und Managementtrainer, vorwiegend im Bereich von Human Resources.

Als Trainertandem führen Sylvia Schroll-Machl und Ivan Nový regelmäßig deutsch-tschechische interkulturelle Trainings für eine Vielzahl bedeutender Investoren, Firmen und Institutionen durch.

Kontakt: www.schroll-machl.de

Zeitfracht Medien GmbH
Ferdinand-Jühlke-Straße 7
99095 Erfurt, Deutschland
produktsicherheit@kolibri360.de